自伝風　びじゅある物理

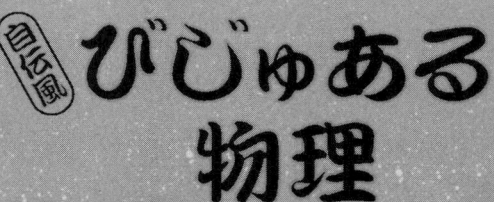

自伝風 びじゅある物理

藤原忠雄

海鳴社

まえがき

　岩手県の高校物理教師として 18 年間勤務し，その後教育行政の仕事に関わった．

　授業では予習は絶対に禁止，予習してきた者は立たせる．数式は最小限に，公式は暗記しないで作る．あらゆる物理現象が頭の中で立体的に，カラーで，スローや一時停止，コマ送りで再現できることを重視した授業を心がけ，それを『びじゅある物理』と名付け生徒と共に楽しく学んだ．

　味付けは大作の自作教材と爆笑ネタとし，目標は午後の体育の後の授業でも眠らせないことで，爆笑ネタはその効果を大いに発揮した．しかし，夏場は窓が開いており，隣の教室からは授業にならないとの苦情が出たため，私の授業の場所はもっぱら物理実験室であった．

　このことは多くの自作教材を生み，毎時間何らかの演示実験や実物を見せることができたし，生徒も教室を移動することで毎時間演芸場にでも来るような気分で集ってきた．「先生，今日は何見せてくれるの」と．授業後は「今日はこれでおしまい．まだのクラスにネタをばらさないように」と言いながら自作教材を布で覆い隠す．

　卒業生が就職，進学し，社会で活躍している様子を年賀状で知るのはこの上ない楽しみである．中には東大や有名と言われる大学に進んだ生徒もいるが，入試のための演習に明け暮れたわけではない．実験中心の授業で，将来にわたって長く役立つことを学ばせたいと思っていた．入試には絶対出題されない内容だが，将来仕事についたら役立つ内容を受験直前に取り上げたりもした．

　私の教育目標は物理大好き少年少女を創ることである．

　世の中には物理と聞いただけで身の毛も……という人がとても多い．数

学の先生の中にも物理だけは苦手だったという人も多い．小学校の先生方にも物理嫌いの方は大変多いし，中学校の理科の先生でも苦手にしている方も意外と多い．そうした物理嫌いの遺伝子を代々受け継ぐことを阻止し，女子学生や文系の学生にも物理の楽しさを味わわせたい．少なくとも芯から物理が好きでたまらない物理教師がいたことは印象に残したい．そして「私は，高校時代，物理は赤点で追試を受けたけど授業は楽しかった」と子供に伝えられる親になってほしいと切に願った．そのために工夫して元気が出る，ユニークな物理の評価法なども後で紹介したい．

花巻北高校時代は物理を受験科目に選んだ文系の生徒が1クラスを超え，管理職に心配されるなど波乱の日々を送った．

そして物理教師としては最後となった盛岡第一高校卒業式後の担任挨拶では「俺の葬儀にはみんなでこい．そしてTV番組に出演した爆笑ネタなどの映像を流すから泣き笑いしてくれ．その後クラス会をやって盛大に盛り上がってくれ」「会社でどんなに忙しくても葬儀には出やすいはずだ．こないやつがいたら枕元に行くぞ．すぐに回れると思うから」と．その後40人が1人ずつ教壇に上って思い出と決意を面白く語った映像は私の宝物になっていて，時々懐かしく見ている．

その後，しばらく教壇を離れ理科教育とは無縁の世界で過ごしたが，近年，再び理科，物理にふれられる職場に異動となり，熱い血が蘇りつつある．

本書を通じて中学生，高校生，小中高校の先生方，そしてかつて物理が苦手だった方の役に少しでも立てれば幸いである．

本書執筆に当たって

45歳で教壇を離れるに当たり，作りためた自作教材28作品の作り方を『あっ ひらめいた』という題名で自費出版し，併せて全作品の作り方と実験の様子を納めたVTRとDVDを自費製作した．

本はA4版，200頁で，印刷した千部を積み上げると10mにもなり玄関を埋め尽くしたが，幸い残り200部ほどになり，教え子達の香典返し分だけを残すまでになった．

この本が縁で高校物理の教科書執筆や教材会社から数作品が製品化され

まえがき

たことにより，中高生の理科教育にわずかながら寄与できたことは物理教師にとって幸せであった．

　この度は『あっ　ひらめいた』の「まえがき」の内容が面白いので，もっと書いては，とのありがたいお誘いを芝浦工業大学副学長の村上雅人先生からいただき，身のほど知らずに書き始めた次第である．

　構成は物理が得意ではない方にも読んでいただけるように，自伝風に子供の頃の他愛のない思いつきからはじめ，年齢順に実体験を並べ，必要に応じて物理の視点でやさしく解説を加えた．

　子供の頃から読書嫌いで工作ばかり作っていたので，本書の文章は稚拙きわまりなくお恥ずかしいかぎりである．それを補うためと，内容を理解していただけるように図解には時間をかけて執筆したので，お許しいただきたい．

2010年 10 月　著者

もくじ

まえがき・・・5

第1章　幼少期・・・・・・・・・・・・・・・・・・・・・・・・・・・・・・・・・・・11

第2章　小学校時代・・・・・・・・・・・・・・・・・・・・・・・・・・・・・18
　(1) 生誕地　18
　(2) 鈴川小学校入学　18
　(3) 複式学級　20
　(4) 国語は大苦戦　20
　(5) 理科は楽しかったが　21
　(6) プラモデル，好きですか　24
　(7) ロケット，好きですか　28

第3章　傷だらけの人生・・・・・・・・・・・・・・・・・・・・・・・・・36
　(1) 5歳，羊と土手からまくれ落ちる　36
　(2) 中2で鉄棒からダイビングで左腕クラッシュ　37
　(3) 中3で発動機のクランクが外れ顔面直撃　40
　(4) 高1，右手親指の骨観察，大量出血　41
　(5) 39歳，バレリーナ骨折　42
　　① 蟻の骨折　43
　　② 回転運動の不思議　44

第4章　中学校時代・・・・・・・・・・・・・・・・・・・・・・・・・・・・・48
　(1) 北海道の四季　48
　(2) スキーは好きですか　50
　(3) 野球は好きですか　56
　　① ホップする火の玉ストレート　57
　　② 野球部必見，打球の軌道は放物運動　58
　　③ ランディー・バースのホームラン　60
　　④ スライド式放物すだれ　62
　(4) 電波に興味を持った　65
　(5) テープレコーダーは実験の宝庫　66

もくじ

第5章　高校時代・・・・・・・・・・・・・・・・・・・・・・・・・・・・・・*68*

第6章　大学時代・・・・・・・・・・・・・・・・・・・・・・・・・・・・・・*73*
　(1) 家庭教師　74
　(2) アルコールは自己中（事故中）になる　77
　　① びっくりハウス　78
　　② ジェットコースター　79
　　③ ループコースター　80
　　④ ポセイドン　82
　　⑤ フリーフォールとエレベーター　83
　(3) ディスクブレーキは効果抜群　84
　(4) 摩擦力　86
　(5) お釣りはいらない　88
　(6) ウインナーソーセージの危険　89
　(7) 熱伝導と省エネ　90
　(8) 大学三年，バイクを買って古城、古戦場巡り　91
　(9) 大学四年，ヤンキーの教育実習生　95
　(10) 教員採用試験　97
　(11) 北海道立遠軽高校には縁がなかった　98

第7章　花泉高校時代・・・・・・・・・・・・・・・・・・・・・・・・・・*99*
　(1) 新生活との出会い　99
　(2) 授業開始　101
　(3) 静電気の恐怖　104
　(4) 戦艦大和の製作　107
　(5) 縦型強力モーターの開発　116
　(6) 3年目，仮装行列，源平合戦絵巻　119
　(7) 4年目で初めての担任　119
　(8) 4年で転勤　120

第8章　花巻北高校時代・・・・・・・・・・・・・・・・・・・・・・・*122*
　(1) ばんからさんが通る　122
　(2) 2年B組新米先生　125
　(3) 3年B組金八先生　126
　(4) 物理の授業　126
　(5) 物理の公式　131
　(6) 物理実験とレポート　132
　(7) 物理の評価　135
　(8) タイガースファンにはまって半世紀　137
　(9) 部活動（柔道部そして科学部）　138

(10) パソコンを買って進路指導　145
　(11) 教材開発を始める　148
　　　① 力積・仕事測定装置の試作　148
　　　② 磁力線を用いた2次元記録タイマー　151

第9章　総合教育センター・・・・・・・・・・・・・・・・・・・・・・・・・・・156
　(1) ユニークな理科の仲間　156
　(2) 教材開発　158
　　　① ロボットによるブランコの研究　158
　　　② バイブラ・ランプとフレミングの力　163
　　　③ 使い捨てストロボカメラを使った
　　　　　　　　　　　　ストロボット（ズームイン朝）166
　　　④ マウスカー（最も簡単なパソコン入力装置）172

第10章　盛岡第一高校時代・・・・・・・・・・・・・・・・・・・・・・・・・177
　(1) 白堊大運動会　178
　(2) 理数科命　179
　(3) 教科書執筆　180
　(4) 全国理科教育大会事務局長　181
　(5) 『あっひらめいた』出版とVTRを製作　183
　(6) スーパー理数科　184
　(7) 物理教師最後の日　186

第11章　県教育委員会事務局等・・・・・・・・・・・・・・・・・・・・188

第12章　三度目の総合教育センター・・・・・・・・・・・・・・・・191
　(1) 組織マネージメント考　191
　(2) 物理教師にタイムスリップ　193
　(3) ニュートンの負の遺産　193
　(4) 作用反作用の法則とつり合い　195
　(5) PISAについて　195
　(6) 小中高の教科書について　197

終わりに・・201

第 1 章　幼少期

　タオルが水面にゆらゆらゆれている．でもなかなか稚魚をすくうことができない．ふと思いつき，ひろげたタオルの中に小石を入れてみたところタオルの網が安定し，面白いように魚がすくえた．次第に周りの家族連れも集まってきて，親に褒められちょっと嬉しかったのを覚えている．3歳の頃の洞爺湖畔での両親との楽しい出来事で，最も古い記憶である．

　また，あの怪我をする前だったので4歳の頃と思うが，父はよく馬にまたがらせてくれた．もちろん本物の農耕馬でとても大きく，見晴らしの素晴らしさと歩を進めるたびに前足の動きが伝わってくる恐ろしさを感じたものだ．そして，父がおろそうと私を抱き上げた瞬間に大きな声で「ぽっぽっぽー鳩ぽっぽ」と歌い出

した．驚いた父は手を離し，危うく滑り落ちそうになった．私は，声は足が地面についていないと出ないと思い込んでおり，宙に浮いている間は，声はどうなるのか確かめたかったのである．変わった子だと父は思っているかもしれないが，私にとっても父は相当に変わった人だと思っている．

　生家は明治時代に岩手県盛岡市から北海道に南部団体として集団入植し，父は4代目に当たる．農業の傍ら冬場の農閑期には，からくりや道具を作り，私に披露してくれた．木製の脱穀機を作り，分離した穀物の実を自動で袋に詰めるように改良したものや，その実を2階の貯蔵室に運び上げる装置などを作った．袋を担いで階段を登るのは大変なので，貯蔵室に運び上げる装置は1階と2階に車輪を取り付け，それに幅10cmほどのベルト

をかけてモーターで回した．それらは木製の覆いで囲われ，ベルトには金属製のカップが鋲で留められており，見る見る間に穀物の実が1階の投入口から消えて2階の貯蔵室に放り込まれる様子は，今でもわくわくする思い出だ．作業は1時間もかからないうちに終了してしまう．製作，設置，解体の時間や製作費を考えるとコストパフォーマンスの面ではとうてい合わないが，その無駄が次の作品に生きると思うし，とにかく楽しい．

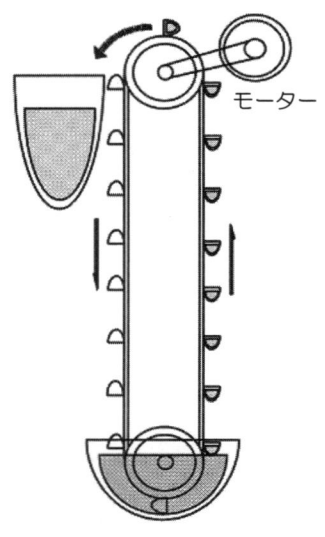

　他にも，地下貯蔵庫から牛の餌を大きなカゴに入れて滑車で巻き上げ，モノレールのように水平移動する装置などを設置していた．50年前のことでこれらの作品は当時は珍しく，特許取得の誘いもあったとのことである．倉庫兼牛舎には工作道具，発動機やモーターで動く装置があり楽しかった．

　父はまた茶目っ気のある人で好奇心のかたまりのような人である．父との思い出を書き始めると止まらなくなるから，私が特に印象に残っている3つを紹介する．

① 北海道の冬はとても寒く路面はアイスバーンになる．夕方，父が足を引きずって帰ってきた．オートバイで転んだという．家族はみんな心配顔で集ま

ったが，1度目の転倒ではどこも怪我はなかったそうである．ただあまりに綺麗な転倒だったので，どのように転んだのかもう一度再現したところ怪我をしてしまったとのことであった．転倒のときの様子を新しい発見をした時のように話してくれた．その話を私はわくわくして聞き入っていた．ただ他の家族は引いていた．

第1章　幼少期

②　この頃10頭ほどの牛を飼っていて，牛が逃げ出さないように柵を巡らせていた．当時はバラ線ではなく電線を巡らせて電流を流し，牛が感電を嫌って近づかないようにしていた．父は，どれくらいの衝撃があるか試そうと思って触ってみたが，さっぱり衝撃がない．ふと足元を見るとゴム長靴を履いていることに気づいて，牛と条件を同じくするため長靴を脱ぎ，靴下も脱いでしっかりと大地に足をめり込ませてから手で電線を触ったところ……腰が抜けて動けなかったそうである．

母を中心に家族の評価は冷たいものであった．後に私も試してみたが大変な衝撃である．

③　父は，3個ずつ付いた定滑車と動滑車にロープを幾重にも掛けて大きな農機具や荷物を納屋の2階に上げていた．その様子を私は少し離れたところで眺めていた．息を切らしながらだがよくもあんな重いものを1人で上げられるものだと感心して見ていた．ただ，一気に1メートル程引くのだが荷物はちょっとしか上がらないことにも怪しげな魅力を感じていた．

その後，思いも寄らぬ展開になった．仕事を終え，今度は荷物を掛けるフックに足を引っ掛けてするすると昇り始めたではないか．これには驚いたが

次の展開はさらに驚いた．ほぼ登り切ったあたりでちょっとバランスを崩してしまった．あわててロープを引き続けるのだが，空ロープを引くような状態になり頭から真っ逆さまに地面に落下した．
　そのときはサーカスを見ているような気分だったが，今思うとぞっとする．父はその後しばらく後頭部を冷やして休んでいたと思う．

　父は，未だに孫のために火のついたネズミ花火をひょいと指にはめて回し，爆発させて喜ばせるなど昔とちっとも変わらない．

　その父のコピーのような私の失敗談はこの後，ノンフィクションで紹介するが，子供の頃にこのような経験をしたことから理科（物理）の面白さは身にしみていったように思う．そして，何でも自分で実験して確かめようとする姿勢はしっかりと受け継ぎ，生傷が絶えない人生を送っている．
　私の物理は幼児体験によって築かれたように思う．

【解説】
　滑車で荷物を引き上げる場合，どれくらい楽に引き上げられるかについて解説しよう．天井に取り付けて力の向きを変えるのが，定滑車で，日本古来のつるべ井戸に使われ，必要な力は直接持ち上げる力と同じである．

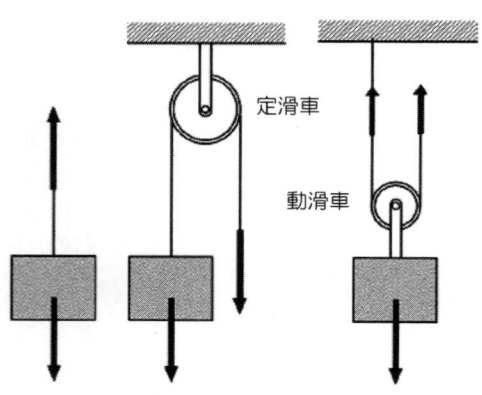

　次に上下に動くのが動滑車で，引く力は半分で良いので楽に持ち上げられると中学校では習う．しかし，先の例のように複数の動滑車を組み合わせると，動滑車が2個ではさらに半分，3個ではさらにその半分だから1/8？？？？となって混乱して

第1章　幼少期

しまう．

$$\boxed{力 \times 距離 = 仕事}$$

　力とその向きに動いた距離を掛け合わせたものを仕事といい，動滑車，斜面，てこなどの道具を使うと，力で楽をした分だけ距離は長くなり，人のする仕事量は同じになる．これを仕事の原理といい日常生活に多く使われている．仕事量は同じなのに道具を使うのは人の出せる力には限界があるからである．

【仕事の原理の例】

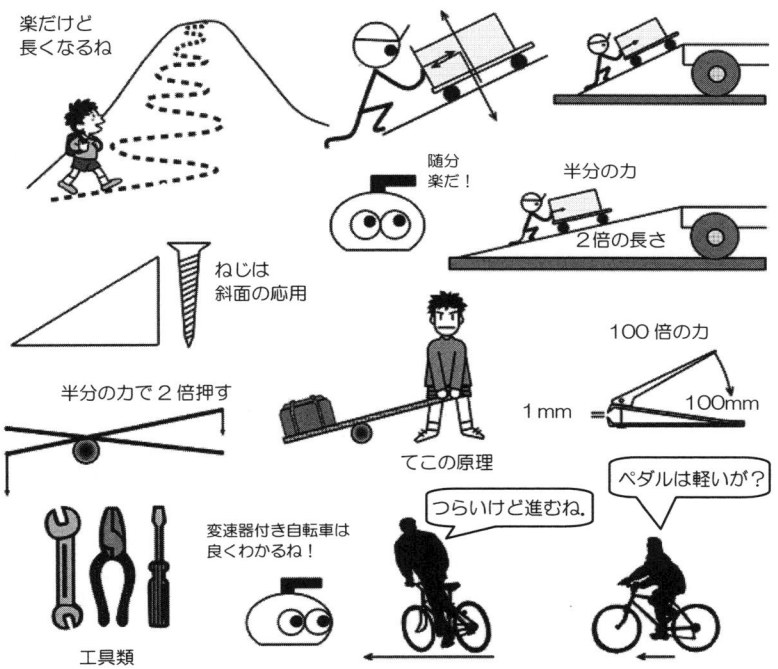

動滑車を使うと半分の力で持ち上げられるのは，動滑車を左右2本のロープで吊っているから2つに分け合っていると考えると良い．一方，仕事の原理で考えると引き上げる力は半分だが，引く距離は2倍になる．

右の例では6本のロープで吊られているので，1/6の力で引き上げることができる．（動滑車の重さはないものとして）

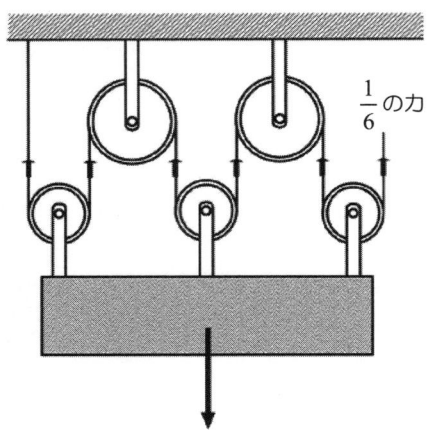

$\frac{1}{6}$の力

一方，仕事の原理で考えると，荷物を1m持ち上げるのには6m引き上げなければならない．

それでは先ほどの例（右下の図）の場合は何本のロープで吊り下げられているかを数えると7本になるので，1本あたりの力は1/7になる．

仕事の原理で考えると，この荷物を1m引き上げる場合，7本のロープをそれぞれ1mずつ短くしなければならず，人は7本分の7m引くことになる．引く距離が7倍になるから力は1/7で良い．

ところで次項の例はどう考えたら良いだろうか．3個の動滑車の組み合わせで，引き上げる力はどうなるだろう．

ロープの本数は6本であり，1/6の力で引き上げることができるのではないかとも思えるがどうも違う気がする．ロープにかかる力が異なるような気が

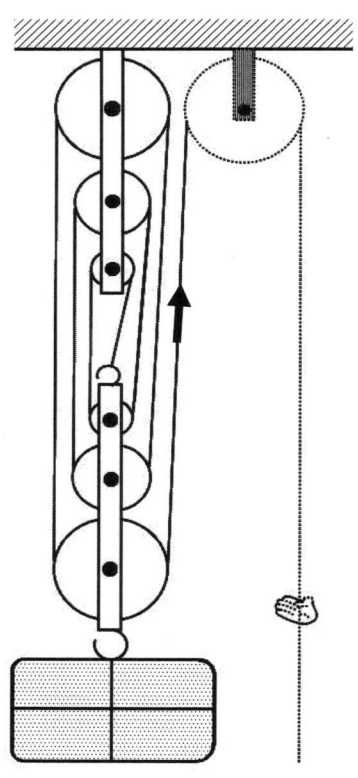

第1章　幼少期

して落ち着かない．難問である．

　ここは仕事の原理を使うとよくわかる．おもりを 1m 上げる場合，下から 1 つ目の動滑車は 1m 上がり，2 つ目の動滑車は 2m 上がり，3 つ目の動滑車は 4m 上がる．従ってロープの端は 8m 引き上げることになり，力は 1/8 で良いことになる．

　このように仕事の原理を活用すると，作図で必要な力を予想できるのである．仕事の原理は素晴らしい．

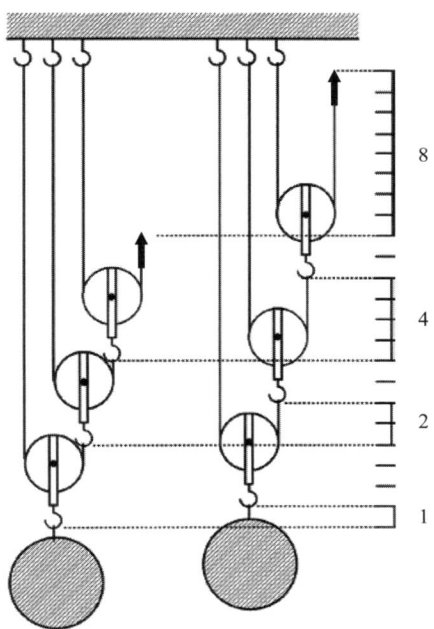

第2章　小学校時代

（1）生誕地

平成 20 年 11 月 16 日の鈴川小学校百周年記念式典に合わせて北海道に帰り，前日に共に 80 歳を迎えた両親と洞爺湖温泉につかり，稚魚をタオルですくったあの湖畔を散策した．

私は昭和 27 年北海道虻田郡喜茂別町字鈴川（あぶたぐんきもべつちょうあざすずかわ）というところに農家の長男として生まれ羊蹄山（ようていざん）を眺めて少年期を過ごした．

喜茂別は札幌からサミットで有名になった洞爺湖を結ぶ中間にあり，札幌とは中山峠を挟み隣町である．

主な産業は農業で，人口は 2 千 7 百名ほどの小さな町である．実家では種芋の男爵，アスパラガス，砂糖大根（ビート），トウモロコシ，小豆などを栽培しているが，子供の頃には米も作り乳牛も 10 頭ほど飼っていた．

（2）鈴川小学校入学

中学校は統合のため今はなくなってしまったが，当時は鈴川小中学校といって校舎が一体となっていて，形の上では小中一貫教育であった．

正面の尻別岳（しりべつだけ）と右側に雪を抱いた遠方の羊蹄山の間に，鈴川小中学校は見えた．四季折々の 2 つの蝦夷富士（えぞ）を見ながら登校したものである．鈴川小学校に入学してはや 50 年にもなってしまったが記憶は鮮明に残ってい

第2章　小学校時代

る．入学式のとき，人の多さに圧倒され心細くなったことを思い出す．私は生来内気で他人にこちらから話しかけることなどできない性分である．

　入学式が終わって教室に入ったとき，担任の先生がピアノを弾いてくれた．初めて見たピアノに大変驚き興味を持った．なにやら指先で音を出しているようである．指に合わせて白い板が連続的に動くのも面白く，何とも不思議であった．ピアノを弾き終え，先生が子供達と後ろの保護者に向かって話し始めた．しかし，私にとってはピアノのことしか関心がなかった．そっと抜け出し，白い板を押してみた．ポ〜ンと音が出てあわてて振り向くと，みんなの驚いた顔．先生は「触ると，指が腐るよ」と．後で述べるが私にとって右手は具合の悪い手だったし，その上，指が腐っては大変とその後ずっとピアノには近づかなかった．

　また，入学間もなく図工の時間がやってきてクレヨンで好きな絵を描く授業があった．みんなは大きな窓の家と子供と大きな木，そして太陽と蝶，または犬であったが，私の作品はいつも書いている赤胴鈴之助で悪人を切って血が吹き出しているものだった．自分では当たり前のことと思っていたが母が呼ばれて事情聴取されたらしい．しょぼくれていたが母方の祖父が遊びに来て私の絵が気に入り，持って帰ってくれたのでほっとした．

　絵画は真面目に取り組んだが，センスがなかった．建物は直線で描き，どうしても製図に近かった．一方，工作は得意でマッチ棒で東京タワーを造ったり，動くおもちゃをたくさん作った．小1でミシンをいたずらして布を縫って綿を入れて糸操り人形を作り，友達を集めて孫悟空の劇をして遊んだ．ミシンで左の指先を爪ごと縫った時はパニックになった．指先に通った糸を抜く時がまた痛かった．

　幼稚園などない地域だったので，入学時にはひらかなで自分の名前を書ける程度，数字も1から10まで数えられる程度だった．反対文字はよく書いた．間違えやすいのは「く」，「ま」の下の曲がりもよく迷った．楽だったのは「い」「こ」「ひ」．片仮名では「ツ」と「シ」は区別がつかなかった．理屈抜きの繰り返し練習で覚えるというのは苦手だった．

　叔母が倶知安の高校に通う列車に合わせて朝早く一緒に家を出たので，誰もいない校庭でブランコに乗って遊んでいた．家の中では居間の梁に帯を掛けてブランコにしていたが，そのときには腰を掛けて足で床を蹴り続

けて揺れを大きくしていたが，校庭のブランコでは上級生がやるように立ちこぎをしてみたところ次第に振れ幅が増していった．地面を蹴らずに振れ幅が増すことは何とも不思議だった．その後ブランコを見るたびになぜなのかを考え，やっと自分なりの答えを実験で見いだしたのはそれから30年も経ってからであった．（158頁，ロボットによるブランコの研究を参照）

（3）複式学級

　私の学年は複式学級としては20名と多かったうえに，上級生の二年生と一緒の学習が始まったことにも驚いた．合わせて40名近い生徒が一つの教室で別々の授業をするのである．授業をされた先生はさぞ大変な思いをしていたことと思う．

　この複式授業という制度は実に奇妙な人間関係を生み出す．翌年には新1年生が入るため今度は上級生になるのである．掃除当番を例に挙げると，指示される側から指示する側に移り，また1年後には元の下級生に戻る．毎年立場が変わり，知らず知らずのうちに上下関係が身に付くことになる．また，当時は中学校も併設していたのでなおさらである．しかし，見方を変えると1つ上下の年の差はないものとして共同生活を行ったともいえる．

　その例として，複式授業は2つの学年が同じ内容の授業のときもあった．体育，音楽，図工などの実技科目がそれである．

（4）国語は大苦戦

　国語や算数，理科，社会といった積み重ね教科は別々に実施された．1人の先生が2つの異なる内容を教えるのであるから大変である．国語の授業は半分の時間は漢字の書き取りだった．同じ漢字を20個ずつノートのマス目に入れていくというものである．私はこの書き取りが嫌いでいかに早く指定された分量をノートに書くかを考え，偏だけを書き続け，次に旁（つくり）を書くなどしたため，書き順や漢字の持つ意味などは全く身に付かなかった．

　そのため，「男」という字は田んぼに力と書くことを成人してから知った．私

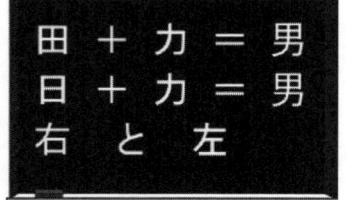

流には日に力であり 1 画少なく書けて，早かったからである．「右」と「左」の書き順が違うこともさらに後になって知った．

　余った時間で歯車やモーターを組み合わせた装置の図面を書いたり，トンボが空中の一ヶ所にとどまる不思議な様子を眺めて過ごした．

　書ける漢字の量も極端に少なく，教師になってまもなくコンピュータのワープロソフト「太郎」（現一太郎）が発売された時には小躍りしてすぐに購入した．全く良い時代に生まれたものである．これがなかったらと思うと背筋が寒くなる．

　最近はテレビでタレントを集めた常識クイズばやりで，どの局も高視聴率を上げている．いい大人が小学生の問題に真剣に取り組み，珍回答連発で笑いを取るものだが，当人はおおまじめに取り組んでいる．私も大いに笑って見ているが終わりの漢字の問題になると急に無口になる．

　文章を書くのも大の苦手で，仕事柄，挨拶文や巻頭言の依頼は多いが，そのたびに頭を痛めている．物理の授業は数字と図，そしてわずかな漢字交じりの日本語を黒板に書いて，あとは，話芸で授業は成立したので苦にはならなかったが，文字だけで思いを伝えることは大変難しいことと感じている．

（5）理科は楽しかったが

　理科の授業で失敗してしまったことがある．4年生が電池の勉強をしていた．直列接続，並列接続と学習が進み，発展問題として，電池3本のうち1本を逆向きに直列に繋いだら豆電球はつくかという課題になった．

　3年生の私は自習の身ではあったが気になって仕方がなかった．先生のまとめの答えは「つかない」であったが，つい手を挙げて「つきます」と答えてしまった．上級生と先生の視線は厳しかった．「だって，つくんだ

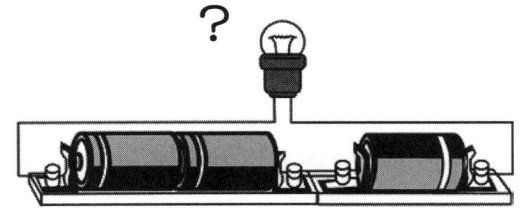

もん」．

　電池でよく遊んでいたのでつくことは知っていた．翌日，遊び慣れた電池と豆電球で実験した．弱々しくだが確かについたのである．この時理科の素晴らしさを実感した．実験によって証明できる素晴らしさである．もしも，幾通りの考えも可能な教科であったなら，上級生や，ましてや先生に逆らうことは私でもできなかったと思う．

　ただ，上級生にとってはあまり愉快なやつには見られなかったと思う．ぼこぼこになったり逆風を受け続ける人生の出発点はこのあたりにあったように思う．未だに真実一路，正面突破を敢行するので，周りはあきれていることと思う．

　高校で物理を教える教師の道に進んだのは，鈴川小学校の複式授業のお陰と感謝している．

　現在，岩手県立総合教育センターで多くの教員研修講座を実施しているが，複式授業の研究をしている先生に生徒側からの体験談を話すこともある．

【解説】

　なぜ，つくかは後になってわかったことだが，電位という考えを導入するとわかりやすい．

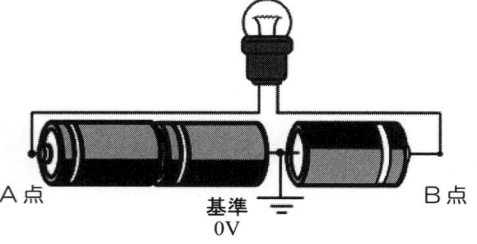

　電池が左向きに 2 本，右向きに 1 本なので，3V（ボルト）と 1.5V の電池を逆向きに接続したことになる．図のように間を基準の電位 0 V とすると（アースをとるという），A点の電位は＋3Vで基準より 3Vだけ高い位置にある．B点は＋1.5Vで基準より 1.5Vだけ高い位置にある．左右の電池を縦に展開すると，A点とB点の電位差は 1.5Vで，A，B間を豆電球で繋ぐと，電池 1 本分 (1.5V) の輝きでつくことになる．

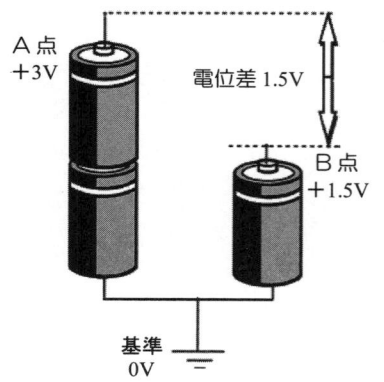

第2章　小学校時代

ちょうど 3m の高さから 1.5m の高さに向かって落差を利用して水を流すのに等しい．ここで注意したいのは，実験中に右側の電池が熱くなったことである．右側の電池には逆向きに電流が流れ，充電状態になるので発熱し，好ましい状態ではないのである．

乾電池の注意書きには「分解したり，充電しないでください」とある．すなわち，このような接続は豆電球はつくがやってはいけない接続ということになる．

筒状のボディーで電池 3 本を入れるタイプの懐中電灯ではこの状況が起こりうるので注意が必要である．

かつては，電池の接続が教科書でも扱われ，「直列接続は電池が 2 本で 3V になり明るくつく．並列接続は 1.5V のままで明るさは変わらないが，2 倍長持ちする」とあった．

しかし，現在の電池は高性能で大電流を流せるため並列接続は大変危険である．同じように見える電池でも，一方が使用済みなどの理由で電位が下がっていると，そちらの電池の方に一気に大電流が流れる．途中に電球などの電流を抑える抵抗がないため極めて大き

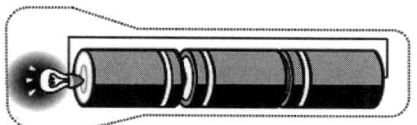

懐中電灯の危険な電池の接続

直列接続　3V で明るい

並列接続　1.5V だが長持ち

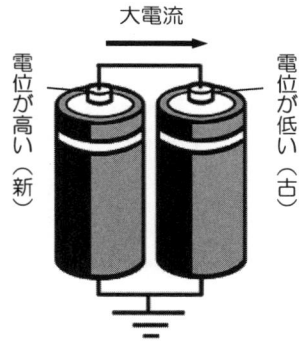

並列接続　大電流の危険

な電流が流れるのである．この充電により電池が発熱し爆発の危険があるからである．

そこで長持ちさせたい時には，並列接続ではなく容量の大きな単1電池やアルカリ電池などを使うようになった．

詳しくは書けないが，乾電池を充電すると爆発し危険である．経験上．

単1電池　　単2電池　　単3電池

（6）プラモデル，好きですか——直流モーターを利用した整流器

戦車を作って遊んだことはありますか．左右一方のキャタピラだけを回転させて旋回するのが信地旋回で，両方を互いに逆回転させてその場で方向転換するのは超信地旋回で，砂地でやると迫力満点．本を積み重ねた坂を昇らせるのも面白い．

私は北海道の田舎に生まれ育ったため，玩具屋がなく，少年雑誌の通信販売でやっとの思いでプラモデルの戦車を入手した．しかし，楽しい時は長くは続かない．ものの15分も遊ぶと動かなくなった．電池が弱ったためと思うが豆電球はつくのにどうしてだろうという疑問と共に，とても空しさを感じた．小遣いの全てが電池代に消えたのである．今にして思えば乾電池の消耗で内部抵抗が大きくなり，戦車のように大電流を流すと電池の端子電圧が下がってしまうからである．

交流100Vから直流4Vが作れないものかと考えた．このときばかりは学校の図書室に行き図鑑で調べた．Nゲージという鉄道模型があり，直流に直してモーターを回すらしい．しかも，電圧を変えてスピードも変えられるという夢のような代物であることがわかった．100Vは感電や事故のもとなので，扱いやすいようにまず，小型トランスを買って（当時1500円ととても高価だった）交流2V，4V，8Vを取り出せるまでにはなった．

期待しながら4Vになった交流を模型用直流モーターに流したところ，ぶるぶると振動を続けているだけで回転はしない．東日本は50ヘルツで1秒間に50回向きを変えて振動するのである．回転軸にビニールテープを貼り付けるとばたばた振動している．せっかくトランスを買ったが，残念な

がら戦車は動かない．無念．

しかし，この動きをかなりしばらく観察していてあるアイデアがひらめいた．これだ!! この動きを利用して直流モーターで直流を作れると思った．

交流は流れる電流の向きが定期的に変わるので直流用モーターでは振動する．そこである一方向に流れている時だけ電流を流し，逆流している時には流さないようにすれば良いことになる．

右図のようにモーターに電流が流れた時にモーターが回転し，軸につけたエナメル線の接点が画鋲接点に触れ電流を流し，モーターに逆向きに電流が流れた時はモーターが逆回転して接点が切れるようにした．整流といっても脈流のためパワフルでは

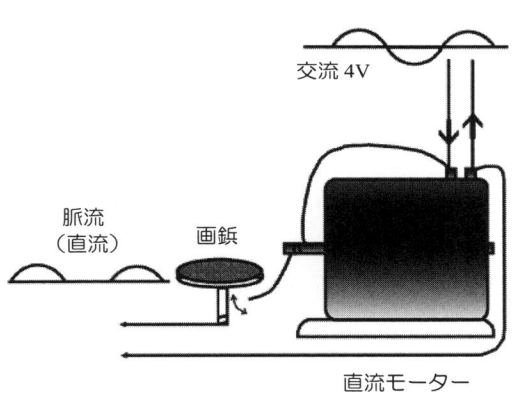

なかったが先に取り付けたモーターが回った．戦車に繋ぐと小刻みに震えながら進んだ時には感激した．エナメル線のしなりも有効だった．

これに気をよくして，しばらく後にスピードコントロールができる可変変圧器を作ることにした．

変圧器はトランスともいい，鉄芯に1次コイルと2次コイルを巻き，1次コイルに交流を流すと，2次コイルには1次と2次コイルの巻き数に比例した交流電圧が生じるというもので，1次コイルの巻き数に比べて2次コイルの巻

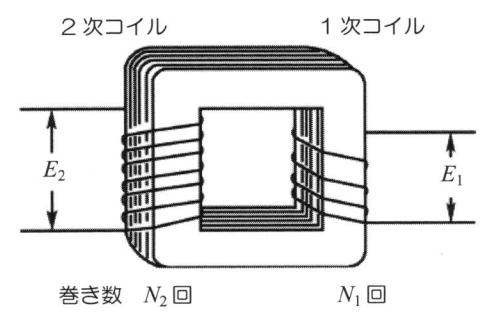

き数が2倍の場合は2次コイルに発生する交流の電圧も2倍になるとい

うものである．しかし，このままでは連続して電圧を変えられない．何とか2次コイルの巻き数を連続的に変えられるようしたいと思い，図鑑の図を参考に可変変圧器を製作することにした．

まずブリキ板をコの字型に曲げたものを多数組み合わせて芯にした．（トタン板を重ねて芯にすることが渦電流を防ぐ目的とは全く知らなかったので絶縁の塗装などしていないので意味はなかったと思われる．）それにビニールテープを巻き，その上に細いエナメル線を巻いて1次コイルとした．

その上にビニールテープを巻いてさらにその上に太めのエナメル線を巻いて上面の被覆をヤスリで剥がす．トタン板で作ったスライダーでその上を滑らせることにより2次コイルの巻数を連続的に変えて2次電圧を変化させるようにした．これによって交流 0V から 4V まで自由に可変できるようになった．

この作品はかなり昔のものなので，残念ながら手作り変圧器は発見できなかったが，2次コイルに使った導線が太くて巻きにくかったことは良く覚えている．後になって大型のコンデンサを付けてからは戦車の動きも滑らかになり，より実用的になった．

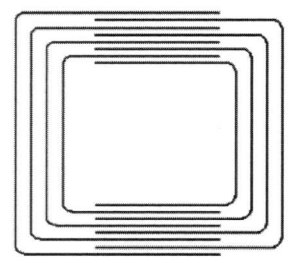

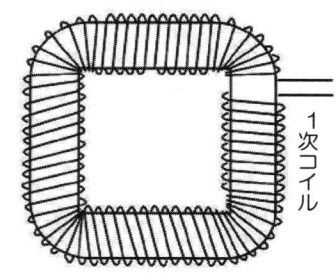

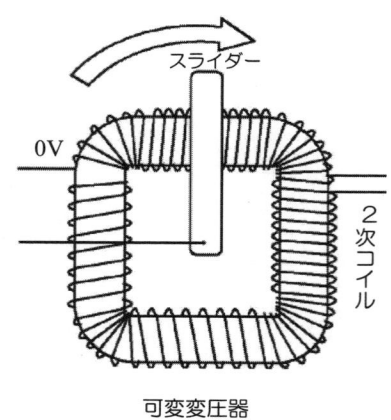

可変変圧器
（スライダックス）

第2章　小学校時代

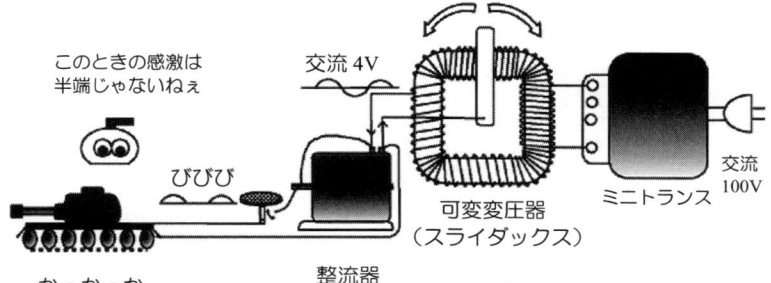

ものが豊かな現代では考えにくいことだが，遊びたい一心で必死に考えたことは，その後の発明・開発の原点であったと思う．

現在ではダイオードで簡単に整流できる．ダイオードは半導体の最も基本的な素子である．端的にいえば一方向にしか電流を流さない機能を持った素子で，アノードからカソードに向かって電流を流す．電気用図記号では図のように表し，実際の部品には帯の位置でアノードとカソードの区別をつける．

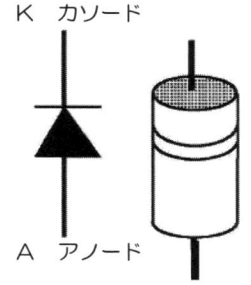

主な使用目的は交流から直流を取り出す整流であり，ラジオの検波等にも使用される．

ダイオードを4個組み合わせブリッジにすると脈流ではなく全波整流となり，効率が2倍になる．これをコンデンサで平滑化すると質の良い直流がえられる．

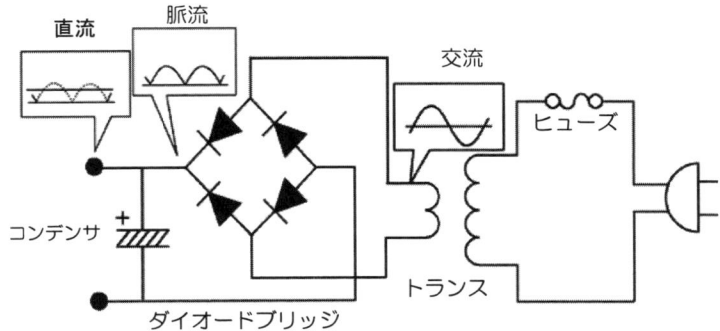

それらをコンパクトに収めたアダプターが各種電気機器用の電源に使われている．
　アダプターで注意したいことは差し込み口の内外がプラスかマイナスかをマークで確認することである．量販店で買った万能型のものは特に気をつけてほしい．古い話だが，知り合いの英語の先生がカセットデッキの巻き戻しボタンを押したところテープが逆に送り出されて，あふれて絡まったという話を聞いたことがある．今は逆流防止装置が装着されていると思う．電圧も電圧計で

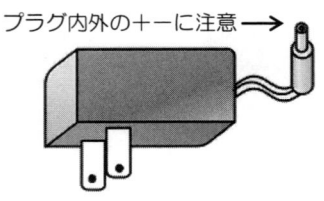

測ってみると出力 6V と書いてあっても 9V 以上の場合もあり，流せる電流の大きさも影響するので，パソコンなどの精密機器には専用アダプターの使用が望ましい．
　ラジオやテレビなど多くの電気機器が直流で動くのになぜ家庭には交流が送られてくるのか，子供の頃は大いに疑問に思っていた．交流の利点は高い電圧にして運搬することにより送電中のロスを少なくすることにある．また，交流はトランスで任意の電圧を取り出せるというのも大きな利点である．
　その後も交流と直流については関心があり，生徒に興味を持ってもらうためにあるからくりを仕込んだ実験装置「バイブラランプとフレミングの力」を製作した．(163頁参照)

（7）ロケット，好きですか
　旧ソ連が，世界初の人工衛星「スプートニク 1 号」を打ち上げたのは 1957 年 10 月で，「スプートニク・ショック」として世界を駆けめぐった．その約 1ヶ月後には犬を乗せたスプートニク 2 号を打ち上げ，史上初めて生命体を宇宙に送り出すことに成功したと新聞を賑わせた．
　4 年後の 1961 年 4 月，ガガーリン少佐を乗せて打ち上げられたヴォストーク 1 号は，地球を 1 周して地球に帰還した．彼は，人類史上初めて宇宙空間を飛んだ人間となり，帰還後の記者会見で語った「地球は青かった」という言葉は小学校でも大変大きな話題となり，子供達は宇宙に夢を馳せ

第2章 小学校時代

た．私は小学校3年生になっていて，我が家にも白黒テレビが入った年である．

ヴォストーク1号はわずか2時間足らずの宇宙飛行だったが，2年後の1963年6月のヴォストーク6号には，史上初の女性宇宙飛行士テレシコワが搭乗した．宇宙から「私はカモメ」と呼びかけ，「地球は青かった」と共にテレビのクイズ番組で頻繁に取り上げられ，現在も健在だ．

このような時代に育った私は，当然ロケットに興味を持った．今でも売られているが，ロケット花火を大量に買い込んで打ち上げ実験を繰り返した．

はじめに挑戦したのは2段ロットである．ロケット花火の先頭の爆発火薬を取り去り，別のロケット花火の導火線を差し込んで一体化させたが，バランスを崩して墜落し2段目は地面を走り回り，とんでもない方向に飛んで爆発した．たまにバランスが良くても少しの間，空中に止まっている程度で，重すぎることがわかった．それではと1段目には3本を束ねて点火したが，点火時期が同時でないことと，推進力が同一でないことが原因で地面を走って観客を追いかけたりした．

随分粘ったが2段ロケットは花火の火薬を集めて大型ロケットを作るしかなく，そこまでの危険はさすがに避けた．

そこで，犬や人など生命体を打ち上げたことに興味・関心が移った．透明な小型プラスチック容器に綿を詰め，ハエや蟻，テントウ虫などを入れてロケット花火の先端に乗せて打ち上げた．最後の切り離しに当たる爆発時の衝撃が厳しく，ハエは液化したが他の昆虫は無事であった．しかし，このときカプセルを回収する確率は極めて少

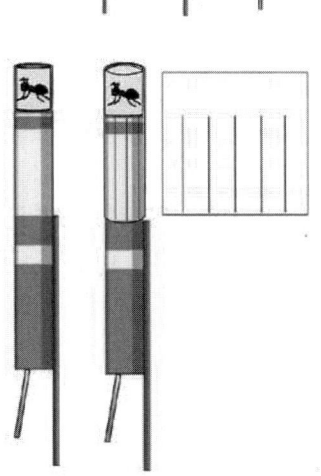

なかった．上空で爆発した 1cm ほどの筒を追いかけるため，弟と空を分割して目を凝らして見張ったが難しかった．

落下傘花火を買って落下傘を取り付けたが重くかさばり打ち上げできず，小型落下傘の開発に着手した．試行錯誤の末に辿り着いたのは羽子板の羽で，空気抵抗を多く受け減速してくるくる回って落ちるから目立つ．ただし，打ち上げ時には空気抵抗を受けないようにしなくてはならない．

そこで完成したのが，筒状の紙に縦に切り込みを入れ（前頁，下の図），上昇中はカートリッジと花火とが一体になるが，爆発によってちぎれて，花開いてくるくる回ってゆっくり落下する方法である．

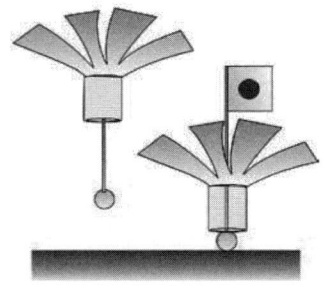

さらに，月への人類着陸の気運が高まり，どこの国の旗が月面に立つかという報道が連日なされたので，日の丸を揚げようと試みた．まち針の先に巻いた旗を接着したものを打ち出し，着地時に旗が顔を出す仕組みで観客の友達にはバカ受けだった．

その後もロケットは好きで，中学生のとき，理科の時間にちょっとしたパフォーマンスの機会が与えられた．まず，紙製のロケットを取り出し，その底の穴に黒板から短くなったチョークを 1 本取り出して詰め，マッチで点火したところ勢いよく煙を噴出して，教室中を白い煙で充満させ大パニックにした．

タネは白い紙筒にマッチの頭だけを大量に詰めたものをチョークに見せかけて，本物のチョークと一緒にしておいたのである．理科の先生だけは炭酸カルシウムが酸化すると……などとかなり悩んでおられた．反省．

さて，その後の米ソの宇宙開発競争は，遅れをとったアメリカのケネディ大統領が国家の威信をかけ 1969 年末までに月面に有人宇宙船を着陸させることを宣言した．これがアポロ計画で大型のサターン V 型ロケットの

第2章　小学校時代

開発が進められた．

　1968 年にアポロ 7 号が初の有人飛行を行い，同年末に打ち上げられた 8 号は，ついに月の上空の周回に成功した．この時点で多くの人は，人類初の月面着陸は間近という印象を持ったが，アメリカは莫大な経費をかけながらこの後も慎重に 1 歩ずつプロセスを踏んでいったのである．打ち上げのたびに送られてくる映像と精密なロケットの模型を使った解説は，まるで毎週放送を待ちこがれた続きもののテレビ番組のようで，私にとってはたまらない絶妙な間隔であった．

　翌年の 9 号は，地球軌道上で月着陸船のテストを行い，アポロ 10 号では，月着陸のための最終的な飛行テストが月軌道上を周回しながら行われた．

　そして，ついに，ケネディ大統領が公約した1969 年の 7 月 16 日早朝，アームストロング，コリンズ，オルドリンの 3 人の宇宙飛行士を乗せたアポロ 11 号はとびたった．

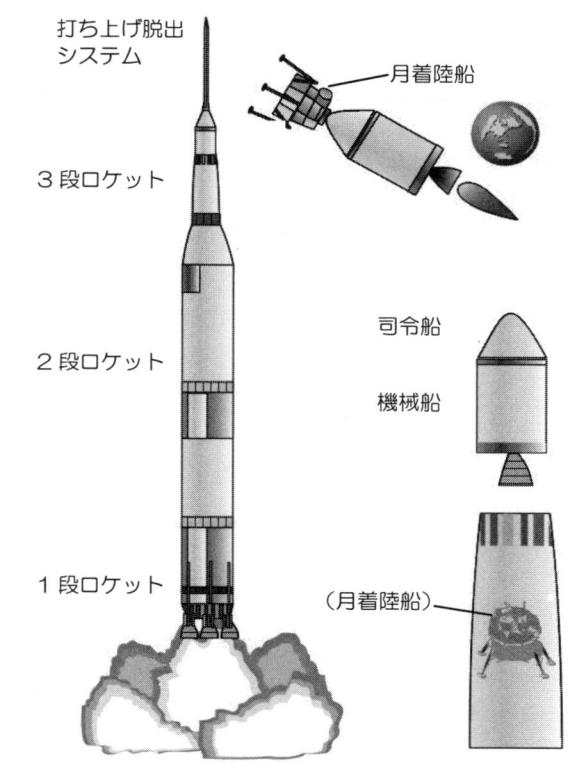

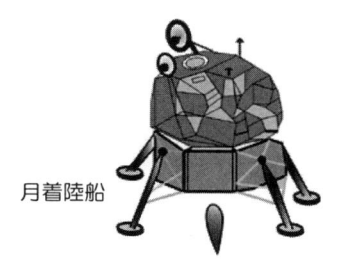

ここで，ロケットの構造と月への往復行程について解説したい．
　サターンV型ロケットの1段目が点火され上昇を始める．液体燃料満載のこのときが最も危険で爆発等の大惨事が発生しやすい．発射時のトラブルがなければ打ち上げ脱出システムをはずし，2段目ロケットに点火し1段目を切り離す．さらに3段目に点火し，速度を増しながら地球を回る軌道に乗るのである．この軌道上で月へ向かう準備作業に取りかかる．
　アポロ宇宙船は司令船と機械船，月着陸船格納部の3つの部位からなっている．司令船は円錐形をした3人乗りの居住カプセルで，機械船は，司令船に酸素や電力の供給を行う他，推進ロケットの機能をする．
　3段目ロケットから切り離された司令船と機械船は向きを180度変えて3段目ロケットにゆっくり近づく．そして格納部が開き，中の月着陸船を司令船の上部に固定し，逆噴射して引き出す．
　この3点セットで月に向かう．（月と地球の往復図の①）

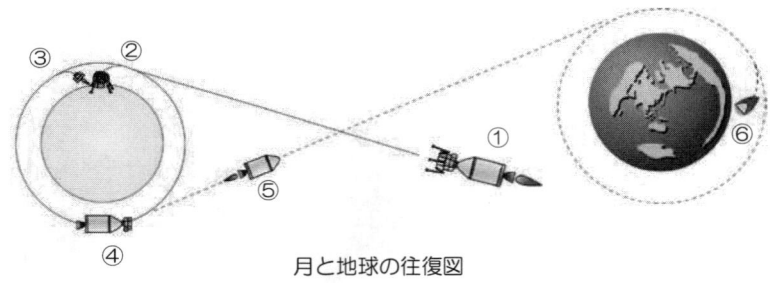

月と地球の往復図

　月の軌道に乗ったところで司令船から2名が月着陸船に乗り移り，切り離された後，「静かの海」と呼ばれる月面でも平坦な場所に逆噴射しながらゆっくり降下する（②）．
　月面上の起伏で傾いて着地した場合は転倒したり，脱出の噴射が難しいなどと宇宙学者とアナウンサーのやりとり，月面の状況を知らせる飛行士と地球の司令センターとのやりとりでさらに緊張が増す．
　日本時間7月21日朝5時に，ついに人類は月面着陸をはたした．当初，飛行士は着陸後に仮眠をとってから船外活動をする予定だったが，興奮して眠れないとのことですぐに降り立つことになった．高校1年になった私

は前日から徹夜しており，授業が始まる前に何とか間に合ってくれと祈りながら待った．地球とのやりとりに微妙な時間差があり緊張が高まる．やがて月着陸船イーグル号から船長がゆっくりとはしごを降りてきた．

月面に降り立ったアームストロング船長の第一声は「1人の人間にとっては小さな1歩だが，人類にとっては大きな1歩である」と同時通訳された．感動した．人類の長い歴史の中でこの瞬間に私が生を受けたことに感謝した．

船外活動では星条旗を立て月の岩石や砂の標本を採集した．

帰還のときは月着陸船の底部を発射台にして，2人が乗り込んだ上部が噴射によって上昇し（③），司令船とドッキング後（④），飛行士と岩石，砂を司令船に移した後，切り離される．

地球に向けて機械船のロケットを噴射して帰路につく（⑤）．やがて月と地球の引力が同じで，つり合う地点にさしかかり，その後は地球の引力に引かれて加速する．

地球の周回軌道に入った後，司令船が機械船から切り離され，円錐形の底部を地球に向けて大気圏に突入する．大気との摩擦熱のため司令船は炎に包まれ（⑥），この間は交信不能になる．数分のことではあるが中継を聞いていると随分長い時間に感ずる．そして，交信が再開され，間もなく海面近くでパラシュートを開いて着水，管制塔の皆の拍手の映像．この年に発売された記念メダルは私の宝物である．

12号のときは熱がややさめたが，1970年4月に打ち上げられたアポロ13号のときには，再び全世界がテレビに釘付けになる事態が発生した．

月へ向かう途中，機械船の酸素タンクが爆発し，推進力低下の他酸素不足や電力不足による室温低下など飛行士の命にもかかわる大事故が発生し，飛行士の生命は時間との勝負となった．飛行士の不安な声と地球の司令部の励ます力強い声が印象的だった．

既に月に向かっており，方向転換して地球に向かうには使える燃料がすでに足りなかった．コンピュータで急ぎ軌道を計算し，速やかに方針を決定した．それは，このまま進み月の引力によってスピードをもらい，さらに引力によって月の軌道を回って地球の方角に方向転換した後，月着陸船の月面着陸用の小型エンジンを噴出させて地球に帰還する，というもので

ある.

　授業が終わるのが待ちきれない日々を送った．そしてついに無事地球に生還した．13 という数字が不吉だという迷信と近代科学とのコントラストは鮮明だった．コンピュータの威力，人類の英知をこのとき思い知った．感動した．

　この事故は 1995 年に映画「アポロ 13」として大ヒットした．アポロ計画はその後，矢継ぎ早に結局 17 号まで続いたが，莫大な出費と当初の目的を達成したため終了した．宇宙に飛び出したいという私の思いは 15 年後に高校の科学部顧問のとき，熱気球の製作と「シュワッチロケット」計画に結びついていった．

【解説】

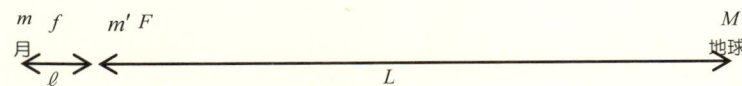

　月着陸船をつけて月に向かう司令船と機械船はある地点まで来ると，地球からの引力 F と月からの引力 f とがつり合う．司令船と機械船を併せた質量を m'，地球，月の質量をそれぞれ M, m，地球と月からの距離を L, ℓ，万有引力定数を G とすると，ニュートンの万有引力の法則から

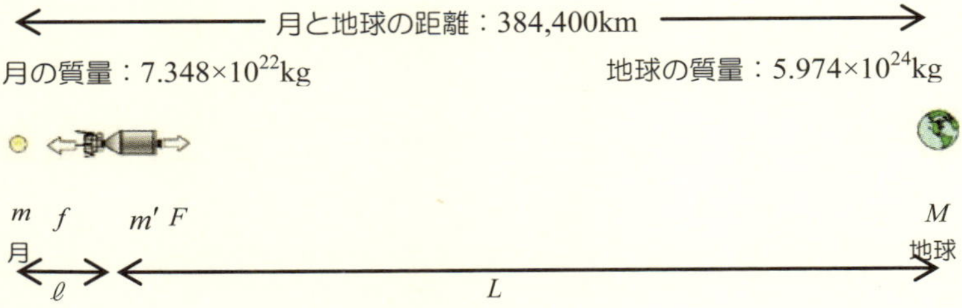

$$F = G\frac{m'M}{L^2} \qquad f = G\frac{m'm}{\ell^2}$$

地球の質量は月の質量の約 81 倍であるから，$M \fallingdotseq 81m$．地球と月からの引力が同じになるから，$F = f$．

第2章　小学校時代

$$F = G\frac{m'81m}{L^2} \qquad f = G\frac{m'm}{\ell^2}$$

$$F = f = G\frac{m'81m}{L^2} = G\frac{m'm}{\ell^2}$$

$$\frac{81}{L^2} = \frac{1}{\ell^2} \qquad \frac{9}{L} = \frac{1}{\ell} \qquad \therefore L:\ell = 9:1$$

　従って L と ℓ の比が 9 対 1 の地点にさしかかった地点で地球と月からの引力が等しくなる．

　また，交信の遅れについては，光の速さは秒速 30万 km で，月と地球との距離は 384400km であるから，月で発したメッセージが電波に乗って地球に届くまでの時間は 384400÷300000＝1.28（秒）の遅れとなる．月からの光も 1.28 秒前のものを見ていることになる．

第3章　傷だらけの人生

　この章は，物理の授業を始めるに当たって自己紹介の後半でよく話したものであるが，気持ちが悪くなる生徒が続出し，保健室が満杯になり，養護の先生から苦情が来たことがあった．気持ちが悪くなりそうな人は，この章を読み飛ばしてください．

（1）5歳，羊と土手からまくれ落ちる——右肘脱臼骨折

　季節は秋だった．父と放牧していた羊を小屋にもどす丘の道，夕焼けが綺麗だった．父は大型の鉄杭を抜いて鎖に繋いだ羊数頭を引き連れていた．

　中程まできて父はごく自然に私をそのうちの1頭に乗せてくれた．裸馬にも乗ったことがあるので別に違和感はなかった．しかし，羊の方には多大な違和感があったようで，突然後ろ足を跳ね上げ，めぇーめぇー鳴きながら猛スピードで走り出した．怖かった．落ちまいと必死で首輪にしがみついた．まるでロデオのようであった．すぐに土手から一緒にまくれ落ち，激痛．右腕がぶらぶらしていた．「とーさん，うでおれた」と叫んだ．

　家に帰って，父の情けない表情と母の悲しげな表情は忘れられない．田舎の夜，自転車の後ろに乗せられ接骨の得意な人の家にいったが手に負えず，不安な夜を過ごし，翌朝，接骨院に行き副木をあてるなどの処置をしてもらった．次第に痛みはなくなり指は動いたが腕に力が入らず変な感じであった．肘の関節が外れて骨折し，ねじれたまま骨がついたらしく，後に北海道大学附属病院に行った時，医師は「右腕はもう伸びないかもしれ

ない．成人した時には背広の腕の長さを変えないといけないかもしれない」と母に告げた．カーテン越しに聞いていた私は，利き腕が使えないという悲しみを覚えたが，母の涙のほうが悲しかった．期待されているであろう農家の跡取りとして，どうしようかと心細く思った．初めて人生の岐路に立った．農家も機械化され力のいらない時代がくると気丈な祖母の励ましもあったが，腕の状態はそれ以上に厳しいものがあった．

その後数年間，方々の医療機関にかかり，ついに余市の接骨院で関節を入れてもらった．「鼻つまんでみなさい．力が入るだろう」「はい」

固まった組織を動かしたので，痛みと発熱があった．小麦粉を酢でねった湿布をしばらく貼った．手を伸ばすと20度ほど上と前に曲がってはいるが，力は入るようになった．肘を使ってボールを投げたり，重いものを持ったり，堅い瓶のキャップをひねったりはできないが，日常生活にはあまり困らない．ラジオ体操で右肩に右手の指先をつけることはできなく，よく注意されたが，そのうち左手もつかなくなるとは，そのときは思わなかった．

母は，私を生んでから体調を崩し，寝たり起きたりの生活を数年続けた．それ故，生まれてしばらくは米の粉を炊いたおもゆで育ったそうだ．そのせいか，その後も骨折はよくした．カルシウムは本当に大切だと思う．今は毎朝牛乳を飲んでいるが手遅れだろう．

（2）中2で鉄棒からダイビングで左腕クラッシュ——手首がない

5月に遠足があり隣の中学校に行った．弁当も終わり，鉄棒にぶら下がって体を大きく前後に振っていた．いざ止まろうと鉄棒を手首でしっかり握った途端に鉄棒がくるっと回った．今考えると鉄棒を押さえている両隣の金具がさびついて腐り，押さえが効かなかったのだろう．握った手を離してしまい体は水平方向に飛んでいった．右腕はまずいとずっとかばっていたので，本能的に左に体をひねって胴体着陸した．飛行機の胴体着陸の映像を見るたび思い出す恐怖の瞬間である．グシャという音と共に全身に悪寒が走り，左腕全体に感覚がなくなっていた．手首のボタンをはずしていた長袖のYシャツから手首が見えないのである．

すぐにハイヤーを呼んで50分ほどの所の病院でレントゲンを撮ったが

骨粉がモザイク状態で写っていた．手に負えずさらに3時間かけて小樽に向かった．当時は未舗装だったので車輪が穴に落ちるたびに骨片が周りの肉と血管を切り裂き，激痛と共に内出血で次々と紫に腫れ上がった．骨片がいかに鋭い刃物かということが身にしみてわかった．右手で左手首を握りしめ，絶叫しながら走った．とにかく寒く初夏というのに歯が音をたてていた．

　やっと大きな整形外科に到着したが，もう夕刻になっていた．レントゲンの結果11個の骨片が重なり，どこのパーツかがわからず，手術のしようがないということで，体をベットに固定し，左腕は両側から幅広の絆創膏で固定され，その先にロープが取り付けられ，天井の定滑車2個を経由して分銅で引いた．20cmも詰まった腕をゆっくり引き延ばそうという作戦である．このとき，滑車には縁があると思った．

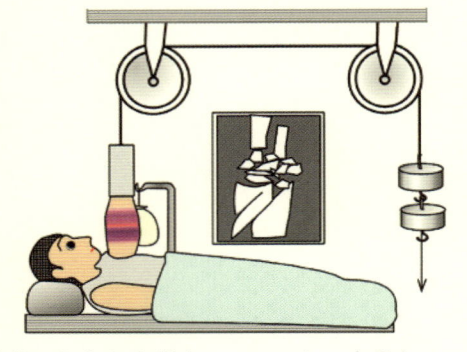

　氷で冷やし腐敗を防ぎながら次第におもりを増やしていった．身動きできず，ずっとただ天井を見て生活した．

　時折医者が来てレントゲン写真を見ながら骨片を押し込んで行くのである．まるでジグソーパズルをしているようで医者は楽しそうだったが，私は不安だった．そして，医者仲間が来ると決まって私の所に来て「他ではまず無理だと思うが」「まあ自信はないのだけれど……」などと話しながら骨ピースを入れた．医者はもっと患者に聞こえないように話してほしいとこのときも思った．教師になって，生徒との関係で私はこのことは心がけている．

　離れた場所の病院だったので見舞いはほとんどなかったが，クラスメイトから毎週届く励ましの手紙や贈り物は，嬉しかった．

　結局2ヶ月半,テレビ,ラジオもなく天井とカレンダーを見て過ごした．意識がはっきりして身動きできない1日はとても長かった．昼寝をすると夜に眠れなくなるのも辛かった．

第3章　傷だらけの人生

　数学は教科書を見て何とかしたが，全体の学習の遅れは相当あった．今思えば本を読んでいたらもう少し読解力がついたものと悔やまれる．ともかく肩も上げられない状況で，みそ汁を曲げたストローでむせながら流し込む生活が続いた．はじめは要領が悪くサイホンの原理で熱いみそ汁が喉を直撃し続けた．熱いのとむせるのとで大変だった．

　一般に骨折の場合，約1ヶ月で治るが，それは骨同士を接合して骨の隙間をカルシウムで埋め尽くす時間である．私の場合は骨同士が散乱しそれを寄せ集めるのに2ヶ月かかった．さらに，半月かけてやっと接合のスタートについたことになる．ギブスに固定するのだが一般のL字型ではなく，真っ直ぐ水平に伸ばしたままの飛行機ギブスという奇妙なものだった．

　そして，2ヶ月半ぶりにベットから立ち上がろうとしたがもの凄く体が重く足で支えるのがやっとだった．当時は体重40kgの激やせだったのに，である．

　宇宙船で長時間無重量の状態で生活すると地球に戻ったとき，立ち上がれないというのは本当だと実感した．またしても，得難い体験をしたものである．そして身長も2cm伸びた．重力の偉大さを感じた．

　何とか立ち上がって不思議な感覚を堪能していたが，飛行機ギブスのため左にバランスを崩しよろけた．ここでジグソーパズルの骨ピースをとっちらかしたら元も子もないから必死で足を送って転倒だけは免れたが，足首の感覚がわからず，つま先を後ろに巻き込みながら進み，まるでバレリーナのようであった．これもまた後の悲劇のプロローグとなった．

　やっと外の空気が吸えた．しばらくぶりに見た太陽はまぶしかった．退院記念にと小樽の模型店でラジコン用の小型エンジンを買ってもらった．当時は稀少品でとても高価であった．

　その後，生活に不便であろうと一般のL型に曲げたギブスで固定し，家に帰ったが，もう夏休みになっていた．

　しかし，これで終わったわけではなかった．ギブスをはずした1ヶ月後から始まるマッサージが地獄だった．今は廃線になった胆振線(いぶりせん)で鈴川から50分かけて倶知安の整形外科に通った．先客の絶叫が待合室までこだまする．順番が来てわけがわかった．マッサージといっても肩腰を揉んでもらい気持ち良くなるのとは全く違った．くの字型に固まってしまった腕を曲

げ伸ばしするのである．看護婦3人で押さえ込み，医者が私の肘関節に足をかけて折り曲げるのである．支点，力点，作用点とまさに「てこの原理」である．次は，うつ伏せでくの字の腕を医者の全体重を乗せて真っ直ぐに伸ばすのである．みしみしとベットと肘のきしむ音が30分間続き，私，医者共に汗だくで終了．腕は内出血でほてり湿布を貼って家に帰ってきた．その後，何度も病院の前でマッサージを受けずに帰ろうかと思うほど辛い経験である．

　結果，ジグソーパズルのワンピースが完全にははまらなかったらしく関節の一部欠損のためか関節に小指が入るほどの隙間ができた．関節の可動角度は120度とやや少ないが，特に支障はない．小樽の医者は評判通り口と食事は悪かったが名医であった．

　ラジオ体操で左右バランス良く肩に指先がつかないのも滑稽である．ただ，体育の授業の跳び込み前転だけは自殺行為だった．両腕の力がないため頭から突っ込み首を痛めた．見学の種目が増え体育の成績はずっと悪かった．

　左右の肘骨折のため野球は大好きだがボールをうまく投げられない．体育の記録会でソフトボール投げが女子グループだったり，バスケットボールがゴールの輪に届かないなど悔しい思いは尽きないが，遠くに飛ばすための打ち出し角度でカバーしようと研究した．

（3）中3で発動機のクランクが外れ顔面直撃

　子供の頃から，何故か発動機は好きだった．排気ガスが出るマフラーが丸い最中のような形をしていたし，排気ガスも力強くて良い臭いに感じていた．秋の夜に，父が発動機をかけてみないかといった．左手でバルブを引き，右手で鉄製の重いクランクを軸に差し込んで回し，弾み車に十分な回転を与えたところで，左手のバルブを離して点火させるのだが，腕力がないためなかなかかからない．3度目には十分な回転を与えてからバルブを離し，やっとの事でかかったが，クランクをまだ回し続けていたため外れたクラ

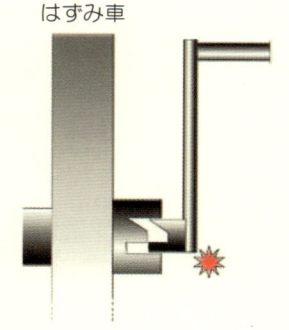

第3章　傷だらけの人生

ンクが回転しながら左頬(ほお)に当たった．ものすごい衝撃でめまいがした．正気に返り傷を探ると指先が入り眼球の縁の骨がわかった．鏡で確認すると左目のわずか 2cm 下であった．もう少し上に当たっていたら眼球は……．幸い頬骨に当たったため傷口は 1cm ぐらいで済んだが肉はめくれていた．

　父に心配かけまいと油で黒くなった血肉を洗い流し，傷口をすぼめてからちり紙を張って直した．今も少し凹んでいるが化膿もせずにうまく治った．

（4）高1，右手人指し指の骨観察，大量出血

　お祭りで小型の多機能ナイフを買った．缶切りや，ヤスリなどが出てくるものである．紙の角に穴を開けて紐でぶら下げようと思い千枚通しを探したがないので，ナイフの先で空けようとした．刃を持って回せば良かったが柄の方を持って回したところ，かくんと折れ曲がった．右の人差し指が刃と柄の間に挟まってしまった．「しまった！また，やっちまったな」

　そーっと，柄を戻し引いてみた．左手の包丁で刺身を引く感触と右指の刃について行く肉の感触は体験した者しかわからない微妙なものがある．引き終わったが赤い筋が付いているだけで何ともない．変だ，切れているはずだ．無性に見たくなった．そっと傷口を開けてみたら，白い筋．これは骨だな．V 字渓谷の赤い肉からは血が全く流れない．おかしい．ちょっと揉んでみた．ぷちっと赤い水疱が出たと思ったら次々と……やがてあふれ出した．これは大変と紙で巻いたが，血が固まって V 字渓谷状に深い傷が残ってはまずいと思い．もう一度傷口を開けて水で流し，糸で根本を縛って止血し，アイスキャンデーの棒を指の腹に当てて左右がずれないように貼り合わせ，ズックの紐を縛るように糸を巻いていった．左手だけの作業で自分の器用さには感心した．その後，止血の根本の糸をゆるめ壊死しないように調節した．

　病院にも行かなかったし，誰にも知らせず治した．指の腹の方の切断なら筋を切ってしまうからだめだが，背の方なので大丈夫と自信があった．そして，ナイフ売りの口上で「切っても化膿しない」といっていたことも

何の根拠もなかったが心強かった．

　結果，機能に全く支障なく，傷もほとんどわからない．外科医になったら良かったといってくれる人もいるが，怪我をしてから必死に対応したまでで，人体をメスで切り始め血が出る場面をテレビで見ただけで気分が悪くなる．

　小学校に入る前に，私のあごの下に腫れ物ができ，医者がメスで切って膿と血が噴き出た途端に付き添いの父が貧血で倒れ，ベットで寝ていたこともある．親子揃って怪我はよくするが，血を見るのは苦手な遺伝子を持っているようである．

　この右手人差し指は教師になってからすごい火傷も経験した．ICを基盤に半田付けしている時に，職員会議が始まるという校内放送が入り，ここだけ急いで付けてしまおうと右手でスタンドに差し込んだ電気半田ごてを探した．目はICピッチの3番ピンをしっかり捕らえ，こてを握り半田付けをした．しかし，握っていたのは柄の部分ではなく発熱部であったからたまらない．こての発熱部が煙と音を立てて3本の指に食い込んでいる．熱いというより痛い．会議中は氷を入れたコップに指をつけていたが，心臓の鼓動がこうもはっきり聞こえるかというほどであった．眠る時も背泳の格好で氷水に指先3本を入れていたが，寝返りを打って氷水から外れるとすぐに目覚めるほど厳しい夜だった．病院にも行かずに今回も治した．しばらく指紋のない状況だったが今は全く傷は残っていない．氷水で冷やすのは大変効果がある．

（5）39歳，バレリーナ骨折

　教育センターには3度勤務することになったが，1度目のとき，レクレーションでビーチバレーをすることになった．職場の年齢が高いので，怪我をしないようにとの配慮である．その中で勤務4年目，39歳は最年少で前衛に固定されてしまった．次々に上げられたトスを打ち続けていたが次第に疲れ，足首がどの方向

第3章　傷だらけの人生

に向いているのかがわからなくなってしまった．そして25年前の悪夢が現実になった．なんと右つま先からバレリーナのように着地したのである．前回は体重40kg，今回は90kg，ぼきぼきと音を立てて，位置エネルギーが運動エネルギーに変わり，最後に骨折という仕事をした瞬間である．ビーチバレーでバレリーナ骨折とはバレーつながりだなどとしゃれていたが，初めは感覚がなかった．かかとをついて何とか歩いて懇親会場に行った．アルコールで痛みは紛れたが足が膨らみ，家に着いた時には革靴が脱げないほどになっていた．

いつもより強めの捻挫かと思い，翌日いつもお世話になっている整形外科に行ったところ，医者はレントゲン写真を見ながらにやりと笑い完全に折れていると伝えられた．早速ギブスをといわれたが，きつめのテーピングで許してもらった．1週間後に発明工夫展の授賞式が東京であったからである．この整形外科医は（現在もその先生の息子が私の教え子で，跡を継いでいる）かなりの怪我でも，完全禁酒とはいわないのでありがたくお世話になっている．

東京行きには，家内と小学生の息子が同行し介護した．ホテルで狭い浴槽にはまって出られなくなったりしたが，何とか授賞式は無事済ませた．堂々とした受賞でしたと係の人が褒めてくれたが痛くて早く歩けず，踏みしめて1歩ずつしか進めなかっただけである．

その翌日の日曜日は，息子との約束通りディズニーランドに行って1日耐えた．炎天下2時間待ってピーターパンの見学はたった4分．体重90kgのフラミンゴはふらふらだった．

① 蟻の骨折

この2時間の待ち時間に「なぜ蟻は骨折しないか？」について考え，気を紛らした．蟻の身長を5mm，ヒトの身長を1500mmとすると，ヒトの身長は蟻の300倍．蟻が1mの高さから落ちることは，ヒトが300mの高さから落下することに相当するが，蟻は足を骨折するどころか全くダメージを受けない．

蟻を基準に考えるとヒトは身長が300倍だが体積は300×300×300となり27000000倍の体積，体重となり，支える足にはかなりの体重がかかるた

め足が太くなる．象の足がヒトに比べてもさらに太いのはこのような理由による．なるほど．

　しかし，そう考えると世の中には不思議なことがある．身長 50m のウルトラマンはヒトの姿をそのままの割合で 30 倍に引き伸ばすだけではなく，もの凄く太い足で，ずんぐりむっくりの体型でなければおかしなことになる．あの格好いいスタイルなら体の中は空洞でなくてはならない．

　鯨のような巨大生物は海や湖にしか生息できないものうなずける．豆腐を水中から出してまな板に乗せると下の方が自重で膨らむ．1 辺 1m の巨大な豆腐は作っても下から崩れてしまう．

② 回転運動の不思議

　さらにアニメのシーンで物理的に不思議なものはたくさんある．私が好きなマジンガーZが機械獣と戦い，相手の武器である鎖鎌を取り上げ，鎖を相手の足に括り付けて空中で振り回す，ド迫力のシーンがある．しかし，マジンガーZだけが空中の一点で止まり相手の機械獣だけが高速回転するのである．

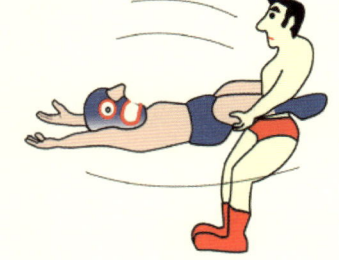

　プロレス技のジャイアントスイングは似ているが，技をかけているレスラーはマットに足をしっかりとつけ，体を後方に反らせ，摩擦力を円運動に必要な向心力とし

第3章 傷だらけの人生

ているのに対して，空中浮遊では振り回すことには無理がある．相手のロボットの体重はこの場合も0でなければ不可能である．

　私はテレビ大好き少年でアニメ，実写版のヒーローものを見て育ったが，現象を誇張するのは良いが，ありえない現象の連続を見せられると気持ちが悪くなり疲れる．物理が苦手な人が多い原因の1つにアニメ等の影響もあると思う．手塚治虫氏は科学が得意でブラックジャックを始めどの作品のどのシーンを見ても安定感があり心地よいし，英国のサンダーバードもよく吟味されている．時代劇に時代考証の専門家を加えるが，子供番組にも科学考証は必要ではないだろうか．

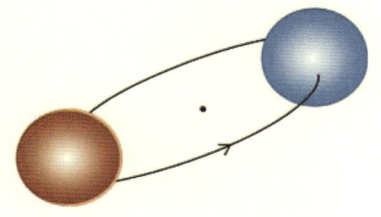

　マジンガーZと機械獣の戦いの真の姿は宇宙戦艦ヤマトに出てくる兄弟星のように2つの星の重心を軸に回転するのである．

　ダチョウを捕まえる時に，2つの石を紐で結んで一方の石を握って他方を回転させて目標に向かって投げ出す．2つの石は回転しながら飛んでゆくが，決して握っていた石の周りを他方が回りながら進むわけではなく，手から離れた後は2つの石の中央にある重心を中心に回転しながら進みダチョウの足にからみつくのである．

　2つの物体の質量が違う場合はどうなるのだろうか．月と地球の関係で調べよう．

　月は地球の引力に引かれ地球の周りを回っていると学校で教えられる．大雑把にはその通りであるが，月の質量も無視できない．

　地球と月の質量を比較すると，地球は月の約81倍なので重心の位置は逆比の1：81の位置で地球内部になる．その位置は地球半径の約27％，地表から1707km地下の位置にあり，この重心を軸に月も地球も互いに回転し

ているのである．ニュートンが発見した万有引力によって地球と月が結びつき，互いに影響を及ぼし合っている．地球上においても潮の満ち引きは月の影響によるものである．和歌にも月が出たので船をこぎ出そうとする様子が歌われている．

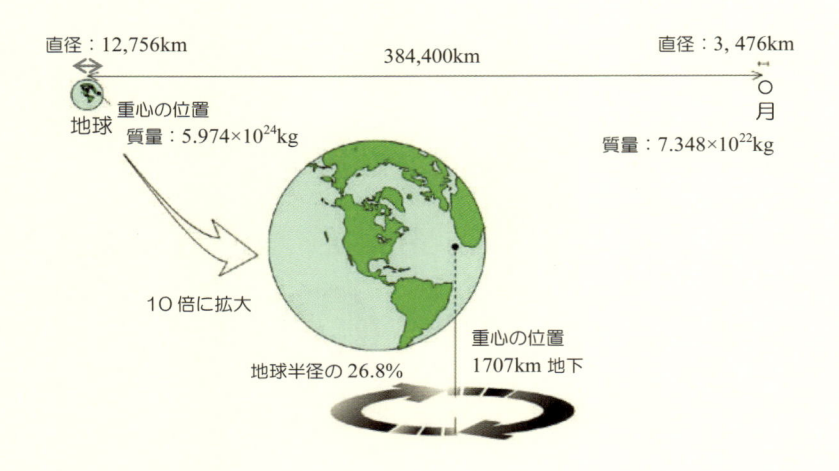

直径：12,756km　　　　384,400km　　　　直径：3,476km
地球　重心の位置　　　　　　　　　　　　　　　月
　　　質量：5.974×10^{24}kg　　　　質量：7.348×10^{22}kg

10倍に拡大
地球半径の26.8%
重心の位置 1707km 地下

　そして，地球もまた太陽と万有引力で結びつけられており，互いに影響を及ぼし合っている．それでは太陽もまた地球の影響を受けて回転軸が太陽の中心からずれているのだろうか．

　太陽の質量は約 2.0×10^{30}kg で地球の質量の 33 万倍と桁外れに大きい．従って，厳密には地球の引力の影響は受けているが無視できる程度ということになる．

　太陽の半径は地球半径の約 109 倍もあり，計算上の体積は 130 万倍になる．しかし，質量は 33 万倍にしかならない．これは太陽が主にガスでできているからである．太陽の主成分は水素が約 90 ％で，ヘリウムが約 10 ％である．この水素が核融合反応を行って激しく燃えている．地球と太陽の距離は約 1 億 5000 万 km と離れているが，この距離が絶妙で，近すぎると金星のように高温になり，遠すぎると木星のように低温になる．地球はこの太陽光の恩恵を受けて生命体は成り立っており，太陽なくして地球を語

ることはできない．オーロラを始め多くの影響も受けている．

　そして，地球の大きさも最適で水や大気を引力で引きつけている．しかし，ここ1世紀ほどの人類の経済活動により，森林伐採と化石燃料の大量消費が起こり，それによる地球温暖化と氷河や極地の氷の融解，海面上昇，そしてフロンによるオゾン層の破壊，人口増加に伴う乱獲と生態系の破壊など，人類の愚行は枚挙にいとまがない．

　いくつもの偶然による地球の誕生．かけがえのない地球環境を守り後世に残すことは，現在生きているものの使命である．

第4章　中学校時代

　中学校は小学校と併設されていて，近くの小学校からも入学してきたので1クラス40名ほどになったが，かなり前に他の中学校と統合されてしまった．中学校では複式学級は解消され教科の先生が教えてくれることが新鮮だった．しかし，併設の小学校には弟と妹がおり，入学式や運動会，各種行事が合同で実施されたこともあり，全く新しい生活が始まったような気にはならなかった．

（1）北海道の四季
　夏の楽しみは，子供達で家から500メートルほど離れた所を流れている尻別川で泳ぐことである．この川は現在も全国一の清流とされている川で当時から綺麗な流れであった．北海道の夏は短い．夏休みも7月25日からお盆明けまでで，泳げる期間はこの20日間ほどである．とにかく水は冷たい．川に入るには一大決心がいる．太陽が雲の間から顔を出し，雲の切れ間の大きさと雲の流れる速さから，十分な時間があると判断してから泳ぎ始める．一泳ぎすると子供達は唇を紫色にし，歯をかちかち鳴らしながら急ぎ足で焚き火にあたりにくる．学校では焚き火は禁止されていたが，これがなくては北海道の源流では泳げない．最も遅く泳いだのは9月15日の休日で一大決心であった．
　川で遊ぶことの楽しさは，岩場から深みに跳び込んだり，カジカを捕まえたりすること，平たい石を水面に飛ばしてジャンプする回数を競う石切，棒杭バットで石を対岸に打ち込むノック，流れに向かって必死でその位置に止まる持久力勝負などなど，プールや海水浴では味わえないことばかりである．そしてさらなる楽しみは，昼に我が家の芋畑から茎が枯れないように多くの株から中くらいの男爵芋を選んで1個ずつ取り出して焼いて食

第4章　中学校時代

べることで，絶品だった．今でも夏休みに実家に帰ると川原で食べている．

　北海道の素晴らしさは梅雨がなく，雪解け水の音を楽しみ，そこからゆっくりと気温が上がり続け，暑いといっても湿度が低く木陰にはいると十分にしのげる．しかし，それもお盆までで，盆踊りを白い息を吐きながら踊ったり，車中で暖をとりながら踊る年もある．そして秋は大急ぎで過ぎ去り，長い冬がやってくる．

　小学校入学の頃は大雪で1階が埋まって真っ暗になり，2階の窓を改造して玄関にした年もあった．冬は人間も気持ち的に冬眠していた．

　そんな中，父の冬の仕事はからくり道具作りと客土であった．客土というのは大きな馬橇（ばそり）に山裾の肥えた土をスコップで積み上げ，畑に運んで行く仕事で，春に平らにならして農地改良するのである．目的地に到着するとスコップで土をおろすのだが，途中までおろすと橇の囲いをはずし，次に，床を押し上げて土を落とした．橇の床が3枚に分割されていて，ダンプカーのように土を落とす仕組みである．油圧ではなく人力で押し上げるから大変な力仕事だったと思うが，他家にはない橇で，国の助成で行われた土地改良の合同作業のときも，よそより少し早かったようにひいき目には見えた．今では重機で真っ平らにならして広い農地になったが，当時はよく堤防が決壊し，石がらの土地が多く露出し，毎年客土を行っていた．

　小学校入学の頃は母のいいつけで父親の手伝いにいった．薪ストーブの灰をすくう小さなスコップを持って．ほとんど手助けにはならなかったと思うが，父は喜んでくれた．馬橇で移動中は三橋美智也の女船頭歌「嬉しがらせ〜て」をよく歌っていた．

　とにかくしばれる1，2月の朝，深く息を吸うと肺の中に霜ができると思えるほど肺が痛い．鼻水が出て手鼻をすると鼻の穴がひっついてしまうこともあったし，手袋を脱いで素手で金属の取っ手に触ってひっついてしまってどうしようもなくなったこともあった．

　通学のときもランドセルのときは両手をポケットにしまえるが，中学校から手提げ鞄になり片手は鞄を待たなければならず指先が痛かった．また，

鞄の隙間から粉雪が入り込むこともあった．

　2月末は堅雪の季節で，昼間の強くなった太陽光で雪の表面が溶け夜間に凍結して固まる．楽しみは自転車乗りで，どこまでも真っ白な平原を自転車で自由自在に走るのは爽快である．太陽光がザラメ状の雪面にきらきら反射するのもいい．走ったタイヤ痕で模様を描いたりした．

　3月になって，放射冷却で堅雪になった朝，4時起きして家族総出で土ふりをする．山土を馬橇に満載にし，スコップで満遍なく広く薄く雪原に蒔き広げる．いくつもの土色の円ができ，小さなものは子供のものである．太陽光で早く雪を溶かすための大切な仕事で，作業後の卵とじ丼は楽しみだった．

　4月は入学式があり雪解けの心待ちの季節．しかし，当時，私だけ困ったことがあった．冬場の馬橇の往来で，雪道に幾層にも堆積した馬糞が雪解けに伴って一斉に顔を出すのである．私は大嫌いでそれを避けようとジャンプして往来した．それでも一面覆われた場所にさしかかってそれを迂回しようと道路脇に寄りすぎ，側溝にはまったこともあった．

　5月の連休中に10cmもの雪が降り積もったりもしたが，地球温暖化が進み，北海道の雪も少なくなった．

　農業は3歳下の弟に後継をしてもらっているが，当時から農作業の手伝いは祖母に比較されて辛いものがあった．弟の方が仕事が丁寧で速いのである．年上の私にはプライドがあり先に進もうとするが，弟がひたひたとついてくる．焦って急ぐと仕上がりが雑になり祖母の毒舌の餌食になる．

　とことん切羽詰まると私のえいやーと投げ出す性格に対して弟は地道に黙々と練習するタイプである．プラモデルの戦車を上手に作って満足し次のことに関心が移るのが私で，その戦車で様々な動きを研究し操縦技術を向上させて遊んでいたのが弟である．

（2）スキーは好きですか

　弟は神社の山に毎日出かけスキーの練習をしていた．リフトなどなく黙々と長時間かけてスキーで新雪を踏みしめながら登り，一瞬で滑り降りることに私は価値を見いだせなかった．私は暖かな部屋でもっぱら物作りをしていた．その結果，弟はスキー指導員の資格を取り，1度テレビドラ

マのスタントマンをつとめたこともあった．一方私は，スキーの授業においては男子初級グループで女子の中級グループと一緒に授業を受ける羽目になってしまった．当時のスキーは直滑降専門で度胸試しの感さえあった．北海道なのでアイスバーンの斜面ということはなかったが，45度の斜面は絶壁に見えて，足がすくんだ．体育の時間が迫ると吹雪で中止になることを願っていた．

　岩手大学ではスキーをしたことがない人が半数もいたので安心していたが，北海道出身者集まれの号令で上級コースに入れられてしまった．少し焦ったが，牧場の緩斜面を回転しながら下っていけば良いので安心した．下っていくと眼下には，有刺鉄線の柵が待っていた．我が家のように電気柵にすれば良いのにと思いながら滑り，危険回避のターンくらいはできた．気の毒だったのは真新しいスキーウエアの女子がバラ線に突っ込みずたずたに裂けたことである．もちろんスキーウエアが．

　このようにスキーに関して楽しい思い出は皆無であったが，ジャンプ競技だけは好きで今でもよくテレビ観戦している．

【解説】

　高さ160mのA点から直滑降で斜面を下りB点に達した時の速さv_Bを求めてみよう．摩擦力，空気抵抗がないと仮定すると，v_Bは斜面の角度に関係しない．

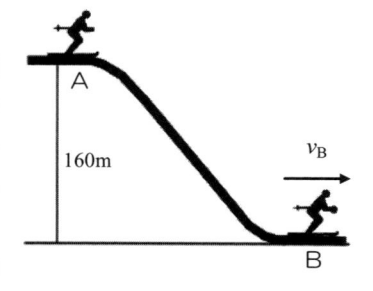

　スキーヤーの質量をm[kg]，重力加速度$g = 9.8$[m/s^2]，高さをh[m]とすると，重力による位置エネルギー$E_p = mgh$と運動エネルギー$E_k = \frac{1}{2}mv^2$の和がどこでも等しいという力学的エネルギー保存の法則より

$$\text{A点の力学エネルギー} = \text{B点の力学エネルギー}$$

$$E_P + E_k = E_P' + E_k'$$

$$mgh_A + \frac{1}{2}mv_A^2 = mgh_B + \frac{1}{2}mv_B^2$$

$$9.8 \times 160 + \frac{1}{2} \times 0^2 = 9.8 \times 0 + \frac{1}{2} \times v_B^2$$

$$v_B^2 = 3136 \qquad v_B = 56 \text{(m/s)} = 201.6 \text{(km/h)}$$

となり，時速 200km を超える猛スピードになる．これは 160m の高さから自由落下した時の速さに等しい．実際には斜面の角度が小さくなると長い距離を滑り，摩擦力と空気抵抗を受け続けるため，そこそこの速さになるのである．

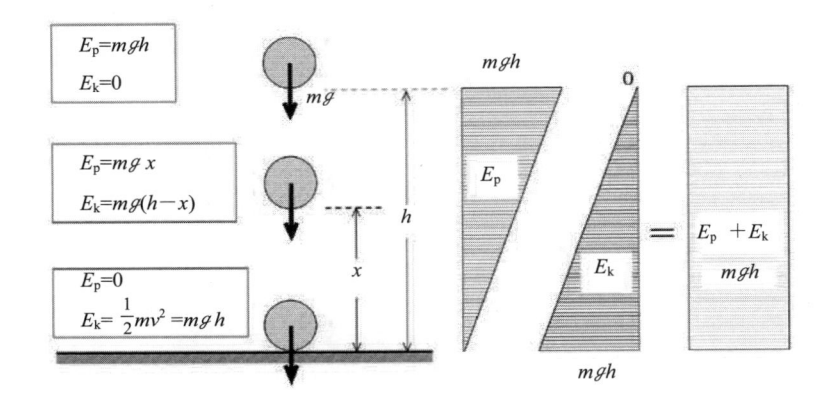

<figure>
$E_p = mgh$, $E_k = 0$

$E_p = mgx$, $E_k = mg(h-x)$

$E_p = 0$, $E_k = \frac{1}{2}mv^2 = mgh$
</figure>

　ジャンプ競技はスキーの花形で，北海道ではよく中継されていたし，岩手県でもテレビ中継があり見ることができる．冬季オリンピック札幌大会ではノーマルヒル（70m 級）で表彰台を独占し，日の丸飛行隊と呼ばれ日本中が熱狂した．長野大会での団体戦は吹雪の中で行われた．1 本目に大きな失敗ジャンプがあり，一気に 4 位に後退してしまい，風雪が強くなりこのまま順位が決定してしまうのかと思われた．

　この危機的な状況の中，日本のテストジャンプチームが見事な飛行を次々と決め，安全性と十分に滑飛距離がでることを証明し，競技再開にこぎつけた．

　そして 2 本目には全員が完璧なジャンプを披露し優勝した．原田選手が最終ジャンパーに「船木，船木」と呼びかけて祈り，着地後，全員で寄り添い感涙．そのときの感動は記憶に強く残っている．

第4章　中学校時代

　テレビ中継では図のような映像がよく見られ，ぐんぐん上昇して飛んでゆくように見えるが，下方から写した映像であるためで，実際は水平に打ち出された物体のように放物運動を行い落下しているのである．

　また，踏切台は水平かやや上向きのような気もするが，実際は踏み切って前方やや上向きに飛び出すためマイナス10度程である．着地する斜面もスタート地点から下を見渡した映像からするとかなりきつい角度と思われる．仮に45度と仮定し，水平に打ち出されたボールを想定し，図解してみよう．実際には空気抵抗も十分に受けるので複雑な運動だが，ここでは無視する．

　ボールが自由落下し，始めの1秒間に落下する距離は4.9mなので，2秒後には4倍，3秒後には9倍…と落下していく．また水平方向には1秒間に4.9mの5倍進む速さで打ち出されたとすると，1秒ごとにこの距離ずつ進むことになる．この速さ，$4.9 \times 5 = 24.5$(m/s) ≒ 88(km/h) は，90m級のラージヒルの飛び出す速さにほぼ等しい．

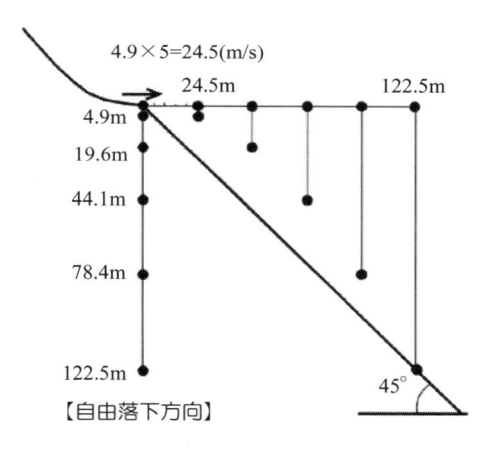

　垂直方向と水平方向に1秒ごとの位置を書き込み，それらを組み合わせた位置が実際の位置で，放物線になる．作図から5秒後に着地し，垂直方向と水平方向にそれぞれ122.5m進むことがわかる．飛距離は斜面に沿っての距離だから$\sqrt{2}$倍の173mの大ジャンプになるがこれほどは飛ばない．

　着地する斜面の角度は45度よりも実は緩やかで，平均の傾斜角も30度程である．この条件で作図をすると，次頁の図のようになり今度は約88mと飛ばなさすぎる．

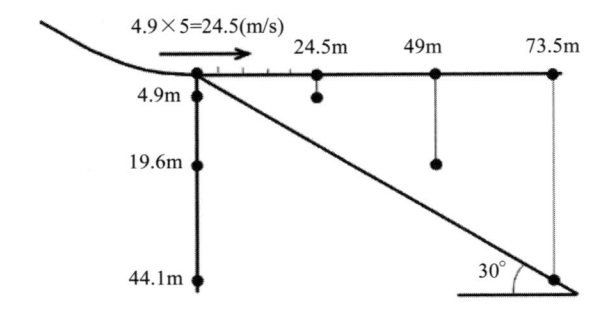

入手した札幌の大倉山ジャンプ場の実際の図面を使って解析しよう．ジャンプ台の形と名称，寸法を示す．

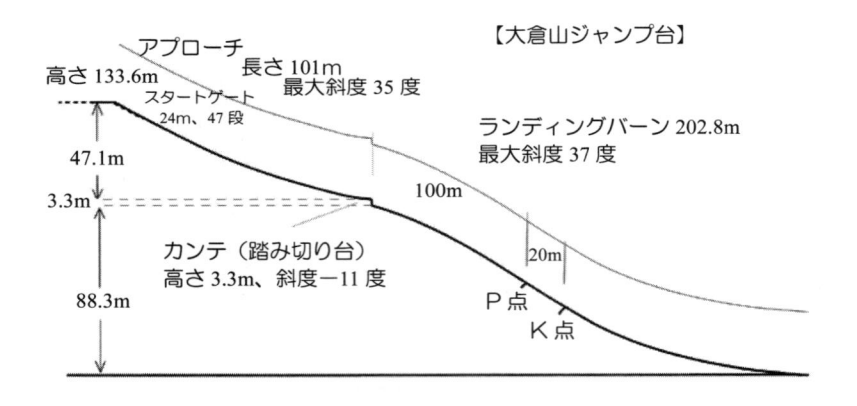

　このジャンプ台は札幌オリンピックでも使用されたもので，ラージヒルと呼ばれる 90m 級ジャンプ台である．スタートゲートを上下させて，飛距離を調節する．風の強さと方向，気温による雪質などによって飛距離は異なり，飛びすぎて危険と判断すると，ゲートを下げてやり直しになる．コーチは向かい風をとらえて選手にスタートのシグナルを発する．
　ジャンプ台の高さは 3.3m で角度はマイナス 11 度である．何らかのアクシデントで踏み切らずに飛び出すとすぐに安全に着地できるようにもなっている．図を見るとなるほど初めは緩やかで次第に急になり最後はまた緩

第4章　中学校時代

やかになっている．

　では，実際のテレビ中継を元に数値を当てはめ解析してみよう．助走路のアプローチを 86.5m 滑って時速 88km 程度で進みながら力強くジャンプ台を蹴って体を前方に投げ出して前傾姿勢を維持し，さらに V 字型に開いたスキーの板と体で風をとらえる．

　ジャンプ台を正確に写し取り，時速 88km で飛び出す場合の軌跡を前例にならって記入する．作図から P 点の 100m 程の所に着地することがわかる．

　また，ランディングバーンはジャンパーの放物運動の軌道に沿って設計されているが，飛びすぎて K 点を超えるとランディングバーンの斜度が次第に緩やかになり，ジャンパーの進路とのなす角が大きく危険な着地になることがわかる．図は異常に飛んだ場合だが水平面に猛スピードで叩き付けられる状況である．

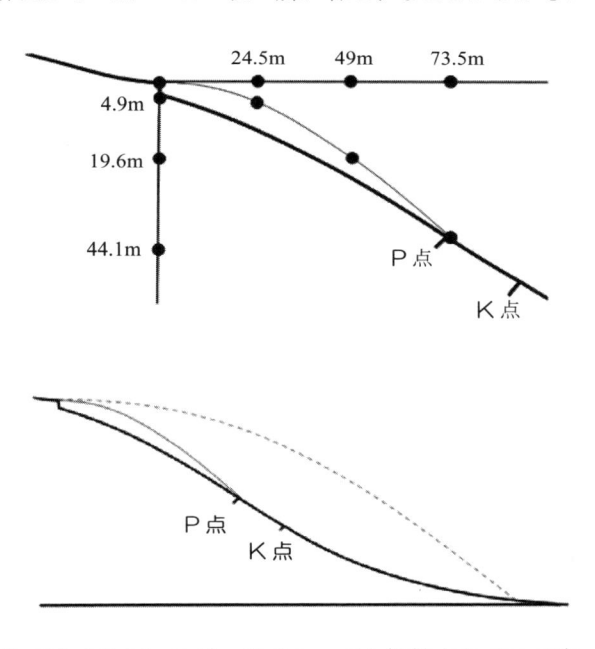

　物理を学ぶと，自分ではできないスポーツであっても観戦するだけで楽しいものになる．

　昔の映像を見ると腕をぐるぐる回したり，両手を前方に投げ出しウルトラマンのシュワッチの姿勢だったりした．その後の姿は，両腕を体側に付けて飛び，着地は足を前後にずらして腰を落とし，両手を広げるテレマーク姿勢が飛型点の高得点となり，安全で飛距離の出る飛び方としてもてはやされた．

　そんな中，V 字ジャンプが登場した．距離は出るが不格好で飛型が悪い

とされ飛型点は散々だった．しかし，次第に多くの選手が飛距離の魅力から取り入れ，V字に開いたスキーの間に体を入れ込んだ姿は，揚力を多く受けるだけではなく，美しい飛型になり現在のスタンダードになった．

　日本人は体格の割に長いスキーと大きめのウエアで揚力を多く受けて飛距離を伸ばしたとされ，ルール改正でスキーが身長に応じた長さに制限され，ウエアも体にフィットしたもに決められてからは，しばらくの間苦しめられた．

　図のように逆V字で飛ぶとさらに揚力を受けもっと飛ぶともいわれているが飛型点が大幅に低くなるだろう．しかし，かつてのV字ジャンプが始まった時もそうだったから何年か後には標準飛型になるかもしれない．

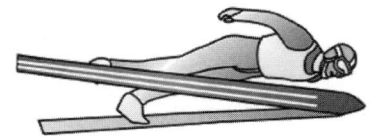

（3）野球は好きですか

　弟は野球も得意で，牛の餌を発酵保存しておくサイロのブロック壁にボールを投げつけ，跳ね返ってくるボールをキャッチする練習を毎日やっていた．私も試しにやってみたが円形のサイロのブロックであるから，わずかでも狙った位置をはずすと跳ね返ってくる場所が大きく変わり左右に走らされる．図のように壁にぶつかる角度（入射角）に対して跳ね返ってくる角度（反射角）も同じになるので，2倍の角度で返ってくることになる．

　これは凸面鏡に光を当てた時の反射と同じである．この練習はコントロールが付くと思った．

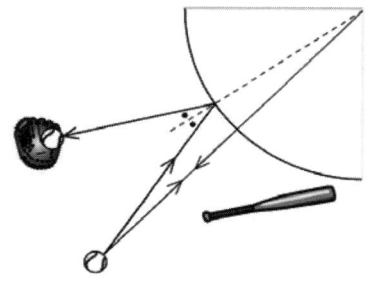

　また，サイロの真ん中に立って話すと全ての音が返ってきて大きく聞こえる．もし大きなサイロがあって，中心からボールを投げた場合，どこに投げても中心に戻るはずである．

　小学校6年生のとき，少年野球は少人数チームだったので私は準レギュラーのファーストだった．両肘が使えず遠投ができないという理由からである．打順は8番くらいだったと思う．しかし，小3の弟がレギュラーに

なり，野球はそれ以降応援側にまわった．

当時，野球は全国的に熱を帯び背番号は王，長島の 1 番と 3 番が人気だったが，私はみんなが選ばない 2 番を付けたし，みんなとは違う阪神ファンになっていた．そして，次第に親兄弟があきれるほどの熱狂的なファンになっていった．

① ホップする火の玉ストレート

半世紀のときが流れ，阪神も長い長い低迷の後，やっと優勝を争う球団になった．

その中で気になる話題がある．藤川球児投手の投球は伸びる，ホップする球と呼ばれたりする．浮き上がるボールを調べよう．

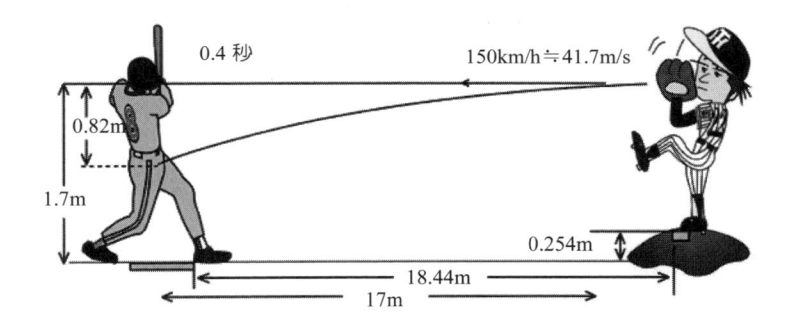

ボールは空気抵抗がなければ，ほぼ水平投射となり放物線を描いてはじめの 1 秒間に 4.9m 落下する．マウンドからベースまでの長さは 18.44m で，投手の踏みだしも考えに入れるとボールが手から離れた位置からベース中央までは 17m ほどであろう．時速 150km は秒速 41.7m であるからボールが飛んでいる時間は，$17 \div 41.7 \fallingdotseq 0.41$（秒）で，その間にボールが落下する距離は $(1/2) \times 9.8 \times 0.41^2 = 0.82$(m) となる．マウンドの高さは 0.254m，ボールを離す位置はかなり沈み込むからボールが手から離れた高さを 1.7m ほどとすると放物運動の先はちょうどストライクゾーンに入る．

これは，空気抵抗がない場合で実際には空気があるので減速し，軌道はもっと低くなる．

では，火の玉ストレートなるボールはどんなボールだろうか．変化球は回転があり，ストレートは回転がないようなイメージがあるが，実はストレートも回転しながら進む．図のようにボールの進行方向に対して左横から見ると時計回りに回転しており，上側の空気の流れが速いから，気圧が下がり浮き上がるのである．飛行機の揚力と同じ原理で，軽いピンポン球を投げてこのような経験をした人も多いと思うが，このときはとんでもなく浮き上がる．では，重い野球の硬球で浮き上がることがあるだろうか．

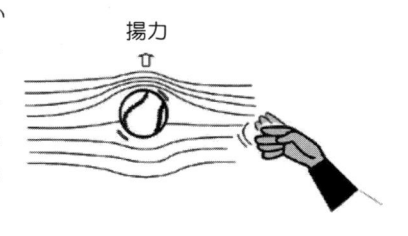

ボールに指先で強烈なバックスピンを与えながら，しかも前進方向に時速 150km を越える速さを与えると，ボールの上下の気圧の差が著しく起こり，発生する揚力によりホップすることは可能ではある．

しかし実際にはバッターは多くの経験から放物線を描きながら落下してくる軌道が目に焼き付いており，同じ速さのボールの軌道よりも回転が多く落ち方が少ないボールはホップするように感ずるのであろう．空気抵抗がない場合の軌道に近いと考える．

② 野球部必見，打球の軌道は放物運動

次に打球の運動について図解でやさしく説明しよう．私は球春を迎えるキャンプインの 2 月になると妙に落ち着かなくなるほど野球好きで，その関係もあり物理分野では斜方投射に特に関心があった．どうすれば遠くにボールが飛ぶのだろう，などなど少年野球の頃から興味を持っていた．

そして，高校のときに斜方投射に関する問題を解いているうちに面白いことに気付いた．それは次頁，図 1 のように「45°の角度で物体を発射した時に，最高点の高さと飛距離の比が 1：4 になる」ことであった．

この事実を基に 45°以外のどの角度でも何らかの関係があるのではないかと思い，作図で解くと実に面白い事実を発見でき狂喜乱舞した．

この事実を「忠雄の定理」などと名付けて赴任した 3 校の高校で生徒に教えたところ，野球や受験に役立ったと評判も上々だったので紹介する．

第4章　中学校時代

最高点の高さと最高点までの水平距離の比が 1:2 になることを，視点を変えてみると図2のように打ち出した初速度の向きに線を延ばし最高点からも上に伸ばすと，最高点Q は P−S の中点ともいえる．これがポイントである．

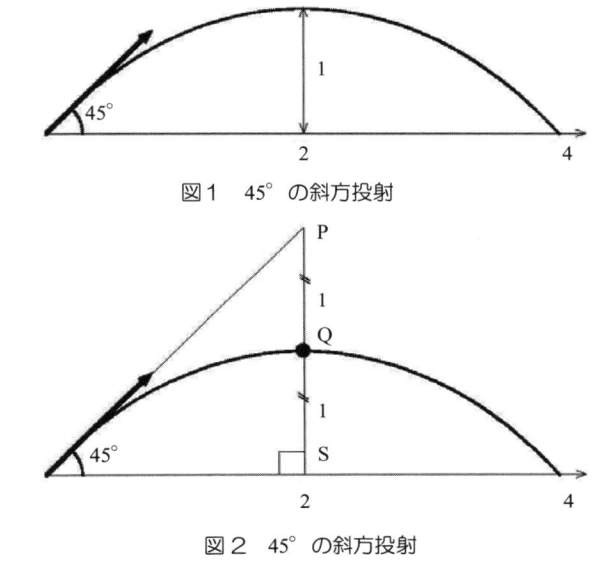

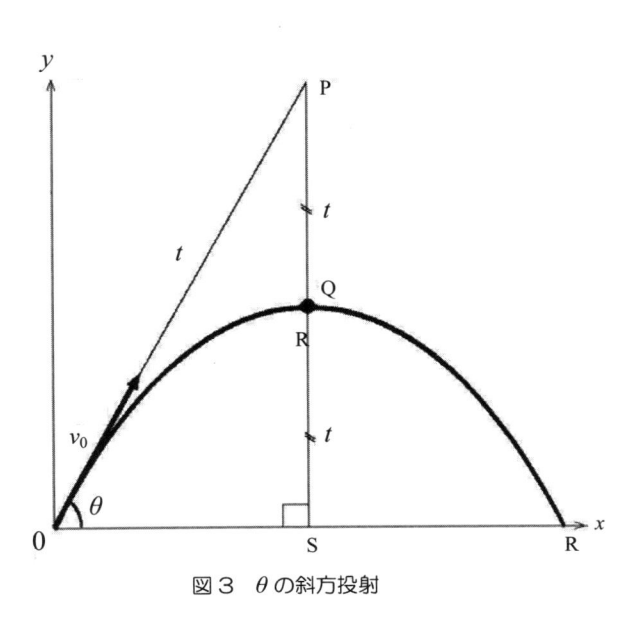

図1　45°の斜方投射

図2　45°の斜方投射

図3のように発射角度を 45°に限らず任意角 θ で打ち出しても最高点Q点がP−Sの中点になることを証明してみる．

図3　θ の斜方投射

＜証明＞

【1】P 点に球をセットし，原点から弾丸を発射すると同時に球が落下すると，必ず衝突するという現象が起こる．

もしも無重力であった場合は v_0 の速さで弾丸が進み P 点に静止している球に衝突する（白抜きの図）．

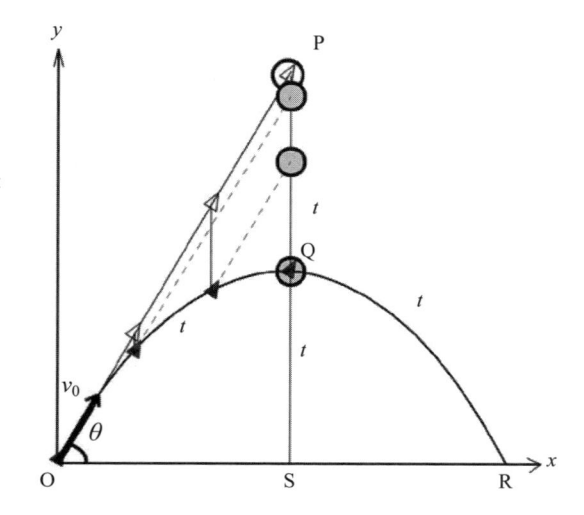

重力がある場合でもこれまで見てきたように無重力のときに進むであろう弾丸の位置と P 点より，1 秒後には 4.9m ずつ共に落下し，2 秒後には 19.6m ずつ共に落下するから，いずれは衝突する．

【2】v_0 を加減すると最高点 Q で衝突させることができる．

【3】球が P から Q まで自由落下する時間を t とすると，弾丸が O から Q まで飛ぶ時間も t になる．

【4】ところで，球を落下させないとすると，弾丸が衝突せずに最高点 Q を通過してから R に達するまでの時間も t になる．

【5】Q から R までの運動は水平投射だから Q−S 間は時間 t の間に自由落下する距離になる．

【6】【3】と【5】から PQ＝QS となる．

これにより，打ち出し角度と飛距離がわかると，測定しにくい最高点の高さが作図で求められ，さまざまな難問，課題解決に有効な武器になる．
（128頁参照）

③ ランディー・バースのホームラン

次の④で紹介するスライド式放物すだれを見ながら放物運動を考えると，さらに理解が進むが，水平方向と垂直方向の運動を式に表し，共通する時

第4章　中学校時代

間 t を消去して整理すると飛距離 L の式ができる．

$$L = \frac{v_0^2 \sin 2\theta}{g}$$

アナ：「放送席，放送席，この巨大な甲子園球場で，さよならアーチをかけたバース選手に来てもらいました．」

アナ：「素晴らしいホームランでしたね．この記念すべきメモリアルアーチを何に書き留めますか．」

通訳：「∞∴♂♀℃＄¢£％＃＆＊＠§？？」

バース：「○●◎◇◆□■△▲▽▼※〒＄＄！！」

通訳：「『ランディーは自分の棒（バット）にサインにした』といっています．」

翻訳：「ランディー（L）は（＝），自分の（／g）棒に　（v_0^2）サイン(sin) にした（2θ）」

（注：ランディーは本当は R ではじまる：Randy William Bass）

物理は暗記科目でないことは当然でこの飛距離の式も授業では導き出すのだが，この式だけは覚えやすいし，知っていると大変面白く，日常の生活が豊かになる．

発射角度が 30°と 60°が同じ飛距離であることや，月面では重力加速度が 1/6 なので 6 倍の飛距離になること．そして，こんな時にも

・・・・・・・・・・・・・・・・・・・・・・・・・・・・・・・・・・・・・

アナ：「いやー解説の○○さん．素晴らしいホームランでしたね」
○○：「外国人は食うもんが違うんですかねー．食うもんが」
アナ：「すごいスイングです．打った瞬間それとわかりましたね」
○○：「日本人の 2 倍は初速がありますからね．ほんますごいわ」

・・・・・・・・・・・・・・・・・・・・・・・・・・・・・・

（ラジオを聴いていて）

私：「？？？ちょっと待ってよ○○さん．」「初速度 v_0 が 2 倍なら飛距

離 L は 4 倍にもなるよ．しかし，未だに 400m の超特大のアーチは見たことないが？」（野球解説者の皆さん，飛距離の式を活用しよう）

④ スライド式放物すだれ

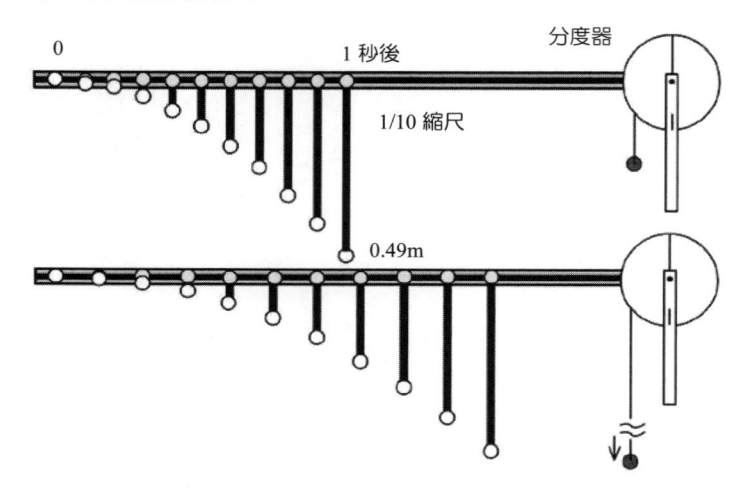

ジャンプの水平投射は理解しやすいが斜めに打ち出される斜方投射は難しい．何とか視覚的に操作しながら理解できる教材があったら良いと思った．

発射の初速度が増した時に放物線の形が変わり飛距離がどのように増加するのかを連続して調べたい．

また，発射の角度を連続的に変えると飛距離も連続的に変わることがわかり，45°が最も遠くまで飛んで，30°と 60°が同じ飛距離になることも，野球のフライと関連づけて説明したい．

そこで，スライド式放物すだれを製作して調べた．

カーテンレールを用いる．図のよ

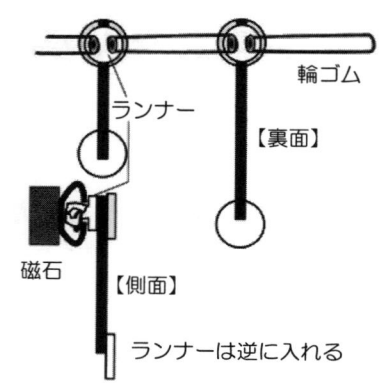

第4章 中学校時代

うにカーテンレールのランナーの輪の中央を切り，輪ゴムを引っ掛けるフックを作る．さらにレールの中に入るほどに削って小さくして，11個のランナー同士を輪ゴムで結ぶ．時間は 0 から 0.1 秒刻みで 1 秒までとし，1 秒後に落下する距離の 4.9m を 1/10 の 0.49m に縮めて表す．

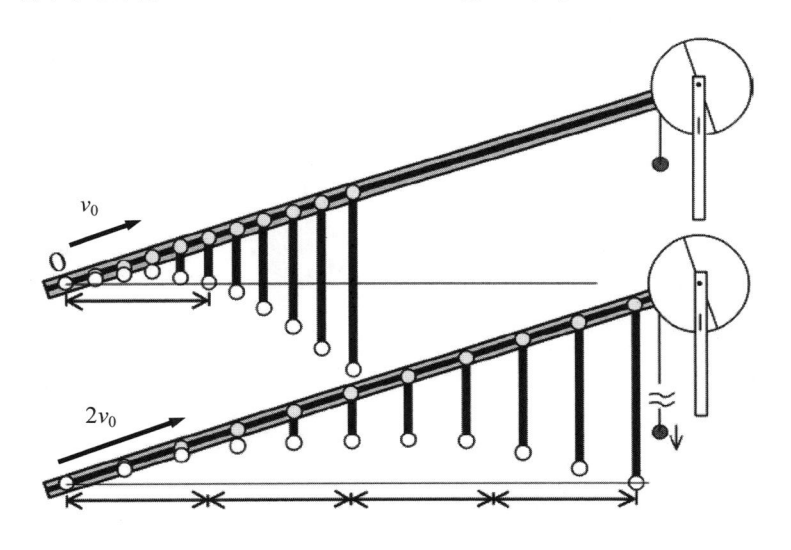

　先頭のランナーに付いている糸を引いて間隔を拡げていくと初速度が増していることを表し，初速度が 2 倍になったら飛距離は 4 倍になることがすぐにわかる．（野球解説にお勧め）

　角度の測定は，大型の分度器を作り，中心から透明アクリル板で作ったおもりを下げて中央線が差した目盛りを読むことにより知ることができる．

　本体のステンレス製カーテンレールには黒色テープを貼り，溝の内側には黒色スプレーで塗装して目立たなくしておく．また，黒板への固定のために両端に強力磁石を付けた．

　速度を変えられる（間隔を変えられる）ことにより 60°にセットした後，糸を引いてスライドさせて，先頭のマークのボールが水平線に一致する所で固定できる．このように装置の一方を水平線上に固定するとわかりやすい．

30°では次項の図のように60°と同じ飛距離になることがわかる．そして45°は最も遠く飛ぶことが明確に示せる．

打球のライナーとフライの飛距離の関係などは，どの角度が最大かなど，手ですだれを動かして角度を連続変化をさせることにより理解できる．

この現象をコンピューターソフトを使うと簡単に表示できる．初速度と発射角度を入力すると運動の軌跡を描き，最高点の高さ，飛距離まで瞬時に表示できる．しかし，これでいいのだろうか．シミュレーションをみて理論通りになっていると生徒に思わせるのはおかしい．理論通りの結果が出るのはそのようにプログラムされているからである．

理科教育に必要なのはあくまでも本物の自然を相手にする実験・観察である．実験・観察の後にシミュレーションソフトを用いるなどの心配りが大切であろう．

かつてはコンピュータを用いると生徒は興味を持ち，授業に集中するとの報告もあったが，興味を持つのは物理現象か，コンピュータの画像かが問題である．

現代のコンピュータは画像処理が高速になり，ゲームでは3次元の表示もリアルにこなす．しかし，自然現象とかけ離れた動きを長時間見続けることによる感覚のずれを危惧する．

第4章　中学校時代

(4) 電波に興味を持った

　小学校時代はもっぱら形が見える工作をしていたが，中学校のときに電波に興味を持った．動機は単純で札幌で放映されているテレビを見たいという理由である．住んでいた場所は河岸段丘にできた平地で，北海道特有の大平原ではなく山に囲まれていたことと，札幌は近いといっても車で1時間半も離れており，電波の中継地がなかった．そのため，視聴できたのはNHK，教育，TBS系列の3局である．それでも十分楽しめたのだが，世の中にはもっと多くのチャンネルがあることに気付いた．

　毎年正月には馬橇に父母と兄弟揃って乗り込み，吹雪の中を1時間以上もかけて母の実家に遊びに行った．そこではジャイアント馬場と覆面レスラーのザ・デストロイヤーが対戦する日本プロレスが放映されていた．その場所はかなり奥まっていたが丘の上にあるため札幌の放送を受信できるのである．

　大人が酒を酌み交わし，女性陣も声を張り上げ，外人レスラーの反則に抗議し，空手チョップとゆったりと繰り出した16文キックに歓声を上げている姿に刺激を受けた．我が家で見られるのは国際プロレスで，地味で流血が少ない正統派のレスリングだった．よし，日本プロレスを見よう．

　アンテナを観察するとアルミの棒が等間隔に並び，牛の鼻に付けるような形をした輪の切れ間からアンテナ線を引き出している．本物の間隔を計りとって，その間隔に太い針金を並べて板に釘で留めていった．アンテナを屋根の雪の上に載せて札幌に向けて方向を調整したところ，砂嵐の中から人の輪郭と音楽が流れた．当時，学校で話題になっていた11PMの「シャバダバ，シャバダバ」のテーマソングと大橋巨泉の声は今も印象に残っている．

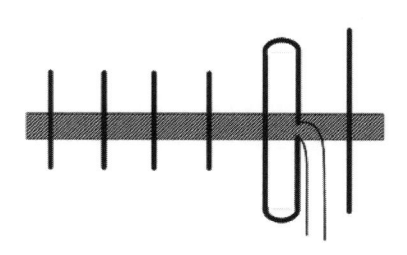

　ラジオとの出会いは，ダイレクトメールで万年筆を買うとラジオがつい

てくるというのがあって，応募した．万年筆はすぐに壊れ，ラジオはゲルマニウムラジオで電波の弱い我が家では，受信できなかった．それでもめげずに雑誌にFMラジオの作り方が載っていたので，早速，キットを取り寄せ作ってみた．割と少ない部品であったが，未知の分野でわくわくしながらエナメル線を丸棒に巻いてコイルを作ったりした．完成し，バリコンを回してチューニングしたが，受信できなかった．

またしても失敗である．今思うと電波が弱かったのが原因と思われる．しかし，この装置は思わぬ機能を持っていた．なんと電波を発するのである．後で知ったことだが受信機と発信器の構造はそっくりである．

我が家の祖父は当時としては当たり前かもしれないが，ワンマンであった．子供達と父とで当時人気のコメディー番組「ルーシー・ショー」を見るのを楽しみに夜の9時まで我慢して起きていた．やっと始まる時に祖父は，チャンネルをNHKに変えて9時のニュースを1人で見るのである．「教養が大事だ」といいながら．

私は隣の部屋に行って，失敗FM受信機のスイッチをオン．途端NHKは砂嵐．「やったー」．その後も祖父はしつこくNHKに固執するも砂嵐．他のチャンネルは正常に映った．このFM受信機は各放送局に合わせられたが，基本的にNHK固定だった．子供の頃の恨みか未だにNHKにはあまり良い印象を持っていない．その後，ラジオを買ってもらい，ラジオ講座など学習番組も聴いた．オールナイトニッポンも好きだった．

（5）テープレコーダーは実験の宝庫

友人から捨てられていたという，壊れた小型テープレコーダーを200円で譲ってもらった．当時にしては10cm×15cmの超小型で，小さなボディーにぎっしりと部品が組み込まれて大変重く，興味をそそられた．回転を安定させるはずみ車の円盤だけがやけに大きかった．

幅広の輪ゴムをベルト代わりに付け替えるなどの整備をし，マイクの代わりにマグネットイヤホンを繋ぐと，録音と再生ができた．気分は最高だった．このときの成功体験がこの後の秋葉原電気街詣でとジャンク品の買いあさり癖に繋がったと思う．

さらに，裏蓋をはずしてベルトを8の字に掛け替えると逆回転させるこ

第4章　中学校時代

とができ，ローマ字の授業で習った，逆から読んだらこう聞こえるという実験をした．

マイクに向かって「赤帽」と吹き込み逆再生すると確かにイントネーションは奇妙だが「大馬鹿」となった．大喜び，「やったー」

これはローマ字で「ａｋａｂｏｏ」「ｏｏｂａｋａ」となるからである．さらに，赤坂は同じく赤坂となる．これは「ａｋａｓａｋａ」となり，反対から読んでも同じになるからである．

では赤帽と叫んでからエイトマンが走って，音声の帯をしっぽから聞いていったら大馬鹿に聞こえるだろうかなどと考え，挑戦した．赤帽と叫びマイク代わりのイヤホンを投げつけて録音したがうまくいかなかった．今，回想しながらまたやってみようかと懐かしく思う．このテープレコーダーは落語の「寿限無」を吹き込んで弟に聞かせたりして，十分に楽しめた．

友人が100円でいいというのをそれでは安すぎると200円で譲ってもらったが，この性分は秋葉原駅前で手品道具を売り言葉につられて大量に買ってしまうことに繋がっていると思う．

その他にも当時の蓄音機のゼンマイがゆるんでくるとテンポの遅い曲になるだけではなく音程も下がることに興味を持った．モーターのプレーヤーになってもSPとLPの速度切り換えで同じことが確認できた．レコード盤を逆回転させたりと，音についてさまざま楽しんだが，祖父の趣味で唯一踊れる「黒田節」が同じ所を繰り返すようになったのには参った．

その後，高校生になってテープレコーダーを買ってもらったが，分解して逆再生させることはさすがにすぐにはできなかった．

第5章　高校時代

　両肘を壊したことから農業のような肘を使う仕事は無理とわかっていた．将来食べていくための職業を探していたところ，左手に本，右手にチョーク，そして話芸でできる仕事は身近には教師しか見つからなかった．結果として天職に巡り会ったと思っているが，大学に進んで資格を取らなくてはならず自分なりに猛勉強を始めた．

　小学3年生で我が家にもテレビが入ったが，それまでは隣の家に見せてもらいに通うほどの大のテレビ好きであった．しかし，高校に進んでからはNHK大河ドラマの週45分間だけにした．

　当時，上杉謙信公を描いた「天と地と」は特に好きでプラモデルの兜と毘の旗を作って机上に飾ったりした．これがきっかけと思うが後に旅行が趣味になり，全ての都道府県を訪問した．博物館や科学館は仕事柄出向くようにしているが，他には城と古戦場巡りを常とし，ほとんど訪れた．

　上杉謙信公，織田信長公，石田三成公，真田幸村公が好きで，負ける側を応援したくなる性分のようだ．三成公以外は49歳で亡くなっているので，人間50年を人生の目標に定め精一杯生きようと思っていた．

　高校は地元の全校生徒270名の道立喜茂別高校に入学した．物理の授業はあったが専門の先生は残念ながら

第5章　高校時代

いなかった．将来の職業にと決めていたので数研出版の参考書を買い込んで独学で対応した．数式が多くて閉口したが，公式を作り出しながら整理し，核になる公式だけを残し，後は変形して作り出すように書き直したり図解を書き加えるなどして使った．この頃の発想や思いが後の教科書執筆の源流であったように思う．

定期考査の前には同級生に集まってもらい，物理教師のまねごとを始めた．自分なりに理解していても相手にわかってもらうことは難しい．教えることは自分でかなり深く理解していなくてはならないこと，相手にわかるようないい換えや例示が必要であることなど大いに勉強になった．一方，暗記科目は全くだめで，模造紙に書き出し部屋の床以外は埋め尽くして暗記に努めた．

教科によっては，3年間で教科書を半分ほどしか終わらないなど，進学に向けての学習環境は整っている方ではなかったが，1人の数学の先生との出会いは私に道を開いてくれた．その先生の数学の授業は最前列の真ん中に座り，目が乾くほど真剣に聞いていた．

先生は戦後まもなくに東大に合格したが学費がなく，入学できなかったといわれて東大の教科書を見せてくれた．「......ヲ証明スヘシ」と片仮名で書いてあり，刺激的だった．2年生の頃から毎日曜日に教員住宅の2階の1室に数名呼ばれ数学はもちろん，英語もボランティアで教えていただいた．お陰で2年生のうちに3年生の数学まで完了できた．

先生の趣味は語学で世界旅行をする時に備えて，外国語をラジオ講座で勉強し8カ国語をマスターされていた．藤原君は英語が弱いからこれで勉強しなさいと，テープとテキストを預けられた．ベンジャミン・フランクリンの自叙伝は大変面白かった．

先生は海外へ行かれるでもなく，私が卒業後も生徒を集め勉強を教えておられた．定年を10年も超えて70歳まで数学の教師を続けられ，退職金が減額され無料で勤めているのと同じだと笑っておられた．北海道の冬期間の灯油代だけでも大変な出費であっただろうと思う．高校教師のあるべき姿がそのとき見えた．

月日は流れ，小さな高校なので今年の春に閉校となったが，当時は定員一杯の生徒がおり，文化祭は仮装行列で盛り上がった．

1年生のときは清水の次郎長役，2年生のときは白雪姫の王子役，そして，3年生のときに企画したのは大作「イエス・キリスト」である．6台のリヤカーを繋いだ上に，ベニヤ板を乗せて台にし，土を敷き草を植え，さらに3本の十字架を立てた．沿道を引き回された後，3人が磔の刑にあう場面を役場前で演じた．私は仮装の責任者であり，山車の設計者，また当時は体重45kgだったことからキリスト役だった．

　十字架に掛けられ手首を釘で留められる場面は，クランク状に曲げた釘を石で打ち付ける手はずだったが，梯子に登った兵士役の手元が狂い，石で私の左小指を強打した．血がしたたったが，見物客は迫力あるねなどと冷静だった．

　いよいよクライマックスの槍で腹部を突くシーンである．槍先は木製だが鋭く削ってあり，私の下帯の下には堅い厚紙を入れておいたが，先ほどのこともあり恐怖がよぎった．ヤ～のかけ声の後，槍が2本左右から刺さった．抜いた後1，2，3秒，血がにじんできた．観客は血袋が破れたものと思って笑いも一部起こった．ここからが見せ場である．血が止まらない．それどころか勢いを増して吹き出し，地面に見立てた台上の土を音を立ててえぐり始めたではないか．悲鳴と共に卒倒者が正面の観客席から出る．優勝を確信した瞬間である．

　相手の予想を遙かに超えて相手を驚かせて引きつける技はその後の物理教師としての私の芸風になったし，学校行事を通じてクラスがまとまることも知った．

　この経験は，教師になってからのクラス経営には大いに役に立った．教師になってからも仮装行列に数多く出演し，優勝した．このころから観衆を楽しませたり驚かせる

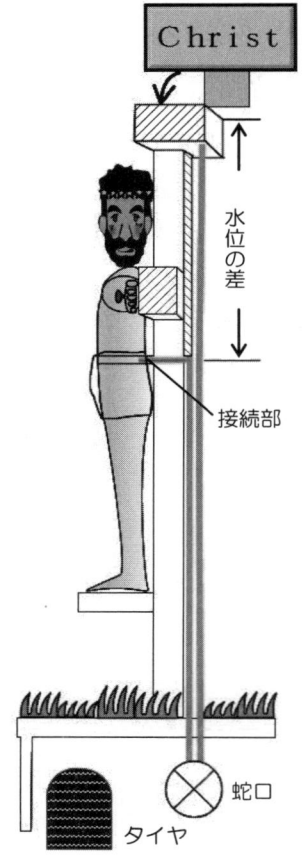

第5章 高校時代

のが好きだったと思う．

【解説】

　水位の差を利用したからくりである．十字架の上部にキリストと書いたプラカードを載せた（前頁の図参照）．実はこれは10リットルほどはいる金属タンクで，板で覆ってある．中には赤絵の具を溶いた水がたっぷり入っており，塩ビパイプで台の下の蛇口に繋がり，さらにパイプは上部に伸びて，私の腰の位置で柱を突き抜け前部に出て接続部となる．

　私の下帯の中には数カ所に穴を空けたビニールホースが仕込まれており，このホースの端を十字架に掛けられたときに兵士役が柱の接続部に差し込んで接続した．十字架は全て白い布が巻かれており，下帯と同色でわからない．

　兵士役のヤ～というかけ声に合わせて，台の下に隠れている係が蛇口を回して一気に絵の具を吹き出させるという仕組みである．水位の差が 1m 以上あったのでかなりの勢いで吹き出したのである．しかも，ドバッとたっぷり 10 リットル．

日本がまだ縄文時代のときに，古代ローマの市民は水道を使って快適な暮らしを送っていたのは有名な話である．市民に快適な都市生活を約束することで，国家としての統率を保っていたのである．

　遠くから水を運ぶのにわずかな水位差を利用し，大量の水を効率よく運んでいた．50km 先で 20m の落差しかないほどである．

　時には水道橋を作って川や谷間を横断していた．2000 年も前に作られた水道橋が現在でも利用されており，アーチ型を基本とした当時の石組み技術には感心させられる．イタリアをはじめヨーロッパを旅行すると見ることができる．

　水道橋がかけられないほどの深い谷の場合は，右図のように谷に沿って石とセメントで固めたパイプを作り，両端の水位差を利用して水を送った．ベルサイユ宮殿の噴水もこのようにして送水されている．

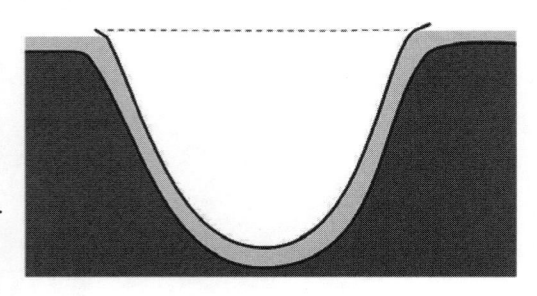

　この形を逆さまにしたものがサイホンの原理で，水槽の水をホースで抜く時に利用する．ホースの一方を水槽に入れ他方を口にくわえて空気を抜いて急いで下げると水が出る．水槽の水面とホースの下面との間に水位差が生ずるからだが，その差の間に詰まっている水柱の重さで水槽の水を吸い上げると考えても良い．

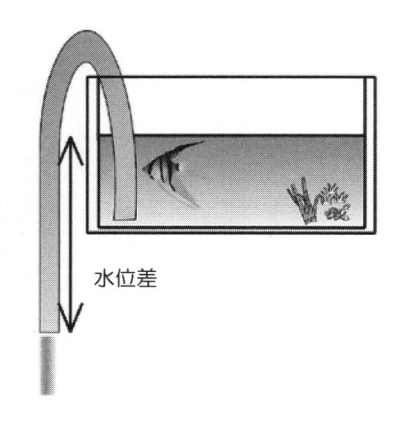

第6章　大学時代

　高校教師を目指して岩手大学教育学部に進み，先祖発祥の地である盛岡で生活を始めた．北海道の快適な初夏に比べ初めて経験する梅雨時期は息苦しかったし，同じ高校からの入学者は皆無であることから，情報が入らず当初はかなり苦戦した．経済的には帰省のたびに別途支援を受けたが，仕送り1万円と奨学金1万円から1万3千円の下宿代を払うと生活はぎりぎりだった．さらにテレビ世代の私は4月に1万5千円の小型白黒テレビを躊躇したが買ってしまい所持金は一気に底をついた．

　さらに生活苦に追い打ちをかけたのが，英語にまつわる予期せぬ出費である．高校時代の英語の授業で「ヘイユー」「ヘイボーイ」と机を叩いて指名されることに抵抗感があった．進駐軍かと反発を覚え，教師になったら決してそうはならないと誓った．そしてついに「～の前，～の後ろ，菅原」と指名された時についにスイッチオフ．

　中学校時代は教科書準拠のソノシートを聞いて英語の暗唱大会に出るなど英語は好きだったが，高校では英語を学ぶ意欲を完全に失った．そのため進学先としては経済的な理由はもちろんあるが，英語の比率が高い私立大学は無理で，北海道大学と岩手大学を候補にし，教育奨学制度が生かせる岩手大学に決めた．

　大学合格の報を電報で受け取り，その日のうちに英和，和英辞典を燃やした．大学合格の喜びと共に清々しい心持ちであった．しかし，送られてきた大学のカリキュラムを見て愕然とした．早まった．失敗した．大学でも英語の授業があったのだ．辞書の再購入で所持金がなくなった．次の仕送りまで，昼食は，学食で30円のラーメン，そば，うどんを順ぐりに食べてしのいだ．

（1）家庭教師

　困った時になぜか風が吹く．5月に入って，学生課から小学校4年生の家庭教師の話が舞い込んだ．助かった．月謝は交通費込みで1万円で，相場が8千円だったのでラッキーだった．算数と理科を中心にという依頼だったので，さらに良かった．

　宿題を見てあげるというよりは，授業のようだった．理科の教科書にはさまざまな実験方法が載っているが，答えはなく，どうなるか実験して確かめよう，と書いてある．ところが授業では実験は行われず，答えは教科書準拠のガイドブックから拾い出し覚えるようだ．理科の実験は準備と後片付け，安全指導，そして実験条件の統一などがあるため，国語，算数等の合間に実施することは大変難しい．また失礼ながら小学校の先生方に理科が苦手だという方は大変多いのも事実である．

　夏のある日，お母さんが氷を浮かべたジュースを持ってきてくれた．ちょうど計算中だったので5分ほど経って飲もうとしたら，液面から下にびっしりと水滴が付いている．私の方は半分ほど飲んでしまったので，下半分である．

　『どうして，ジュースの所だけ水滴ができるのかな？』「？？」『水は小さな粒でできていてガラスを通り抜けるからかな？』「でもジュースは出てないようだよ？（なめてみる）」『ジュースの粒は大きいからガラスを通り抜けられないんじゃない？』「う〜ん，でも氷が入ってないと水滴はできないよ」『ほ〜溶けた氷が通り抜けるのかな？』「冬にガラスに水滴が付くから温度が関係してるんじゃない」『なるほど』……こんな調子である．

　つり合いの問題で変な図が問題集に載っていた．

　天秤の右側に何個のおもりを吊したらつり合うかという問題で，右側は腕の長さが半分なので答えは2個とある．

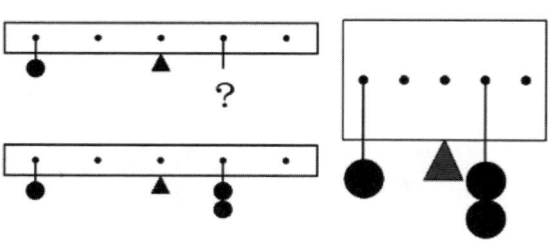

第6章　大学時代

　しかし，どうも釈然としない．ひっくり返りそうで気持ちが悪い．本質を変えずに，横棒を短くすると，つり合うはずがないことはより一層明らかになる（前頁右図）．この手法は物理の課題を解く時に有効な方法である．
　やはり，こういった図1つにしても正確に書かなくては子供を混乱させてしまう．
　右図のように支点の位置を上にするか，下方に針を付けて重心の位置を下げる必要がある．

＜発展＞
　実験用の上皿天秤ばかりも内部が見えず，皿が支点より高い位置にあり，針も上にあって，バランス感覚からすると教育的な測定器とはいえない．
　しかし，内部の仕組みを見ると実に良くできている．
　エッジを痛めるので普段はやらないが，廃棄になった上皿天秤を見つけたので，$500m\ell$ のペットボトルを両方に乗せたらどうなるか実験してみた．
　図のようにつり合うが，どうも重心が高く，ひっくり返りそうである．左側のペットボトルを軽く押すと下の図のように傾き，ひっくり返りそうにも思える．
　しかし，実際にやってみると図のような傾き方はせずに，ウエイターがお盆にペットボトルを乗せ上下に動かしているような動きをする．
　早速，上皿天秤の底蓋を開けて中を調べると，平行四辺形が基本であることがわかった．

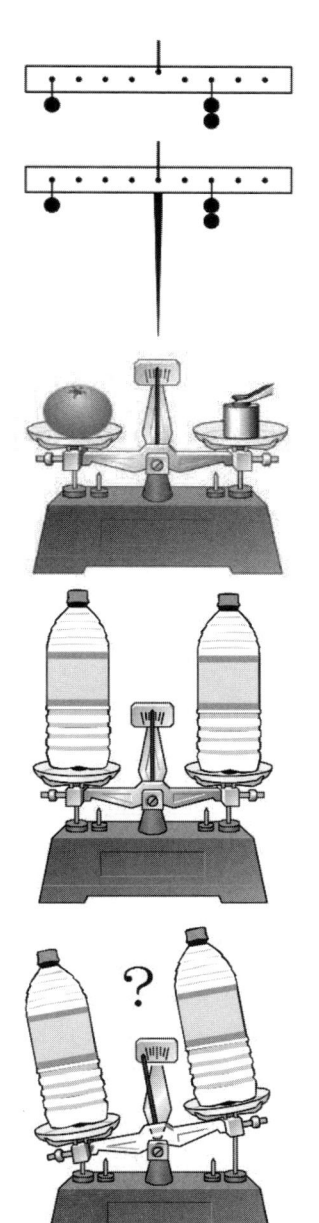

4本の角材を自由に変形できるようにネジ止めして、平行四辺形を作り、中央の点線の位置を2本のネジで壁に取り付けると動きがよくわかる．上のネジは支点で重さを支え，下のネジは垂直を保つためにある．左右の角材を上から押しても鉛直に上下して上に載せている皿は傾かない．

　左右のペットボトルにかかる重力と支点で押し上げる力，これら3力はいずれも平行で，合力は0になる．中央の支点からの腕の長さが等しいので回転も起こらない．

　上皿天秤は物を乗せない状態で左右のねじでバランスをとると，重心の位置が支点より低い位置にあり，傾けると復元力が働き，水平に戻る．

　また，下の部分は上皿を水平に保つ働きをし，ペットボトルのように支点より高い位置に置かれたとしても，3力が打ち消し合い，結局上部の竿の復元力でもどる．

　家庭教師に話を戻すと，秋口には大学受験を控えた高校3年生，その後も中学生2名と常に2カ所を掛け持ち，大学の実験と部活もこなしながら週4日のバイトは厳しかったが，今の職業のトレーニングになった．このペースで真面目にバイトをしたので経済面での心配はなくなった．大学3年からはアパー

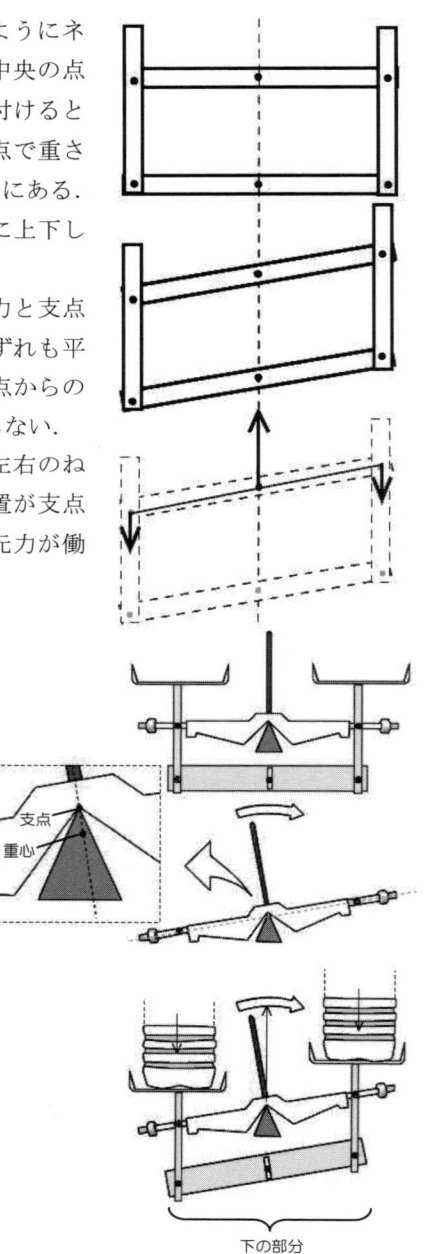

トに移り自炊を始めた．家庭教師を2軒掛け持ちで週4回夕食が提供されるため，食事付きの下宿ではもったいないからである．

入学後しばらくして授業が始まったが，教育学部の授業は教育現場の実態からかけ離れ，魅力に乏しかった．工学部でも理科の教師になれると知り転部も考えた．5月の連休中に歩道橋の上から北海道ナンバーの大型トラックを眺めていると，ふと帰りたくなった．「大学を止めようかと思う」と父に手紙を書いた．返事は予想に反し，「帰りたければ帰れ」だった．帰る所はあると安心し，落ち着いた．開き直れた．やれるだけやってみることにした．

大学の試験が夏休み明けにあったが，私には情報がなく不安だった．夏休みの1ヶ月間は毎日10時間勉強して試験に臨んだ．英語と独語は再試験だったがほとんどの科目は優をもらえ，やっと一息ついた．

蒸し暑い本州の夏はビールがうまかった．アルバイト代で中古の冷蔵庫を買って，たくさんビールを入れ強冷にしていた．夏場は半乾きのYシャツを畳んで入れておいた．フリーズドライになり，乾燥するだけではなく厚地の襟は凍りひんやりして快適だった．

（2）アルコールは自己中（事故中）になる

下宿していたころ，先輩にウォッカをマグカップで飲まされたことがあった．バイトを終えてから駆けつけたところ，駆けつけ3杯と飲まされた．アルコール度数は60度で日本酒の15度に比べ4倍の濃さで，瞬時に日本酒一升瓶のアルコール量を超えたことになる．喉が焼け，割ったカクテルを片っ端から飲んだ．そしてトイレに向かって廊下を歩いた時，右の壁が加速して右顔面に迫ってきた．すぐに今度は左の壁が，……これを3度．必死に壁への激突を回避していると，蛍光灯が正面に見えた．後は暗黒の世界，気がついたのは翌日の昼で，自室の布団の中だった．

厳しい体験だったが，授業のネタにはなった．物理の授業のスタートは静止の定義である．先の例では自分が酩酊し左右の壁に激突を繰り返し，最後に仰向けに倒れて後頭部を打って気絶というのが静止した観測者から見た運動であるが，本人はあくまで自分が静止していると思っているので，回りがおかしな運動をするように見えるのである．まさに，落語の「親子

酒」で酩酊した息子が親に向かって「いらねーや，こんなぐるぐる回る家！」という下げのようである．

　停車中の列車に乗っていて，発車のベルが鳴り向いの列車が動き出す．次第に速さを増してゆき，しまいには電柱まで引き連れて行ってしまうことがある．汽車の童謡にも「畑も飛ぶ飛ぶ，家も飛ぶ」という歌詞がある．運動している観察者が静止していると錯覚した例である．（「なるほど」と生徒）

　では，逆に静止しているのに動いていると思ってしまう例はないだろうか．この例として，遊園地での楽しい物理を紹介したい．

① びっくりハウス

　夏休みに遊園地でびっくりハウスという建物を見つけた．お化け屋敷の叫び声のようにたいそう大きな悲鳴と物音に誘われた．出口にはベンチがあり数人が息も荒く倒れていた．傍らには「小さいお子さん，お年寄り，心臓の悪い方はご遠慮ください」と書いてある．小さなスリラー館なのかと，興味津々．案内されて入場したがただの部屋で，3人掛けのソファーが2脚ずつ向かい合って置いてあり壁には花瓶と額縁がある．客は皆一様に期待はずれで気が抜けたような表情である．ベルが鳴った．左右にゆっくりと床が揺れ始めた．心臓の鼓動が何故か早く打ち始めた．ちょうどブランコの振りが次第に大きくなるように，次に何が起こるのか皆予見していた．足を開きその間に両腕を伸ばし，しっかりとソファーにしがみついた．次の瞬間，我々は真っ逆さまになった．花瓶と額縁が下を向いている．もの凄い形相をした向かい側の人々と，部屋中にこだまする絶叫．数秒間静止し元に戻ると皆一斉にドアに向かって突進するが開かない．再び揺れ始めると不思議なことに整然と自分の元の位置に座り，必死のポーズで次に備える．2度目の回転が起こりまた絶叫が起こった．しかし，何か変だと感じた．まず，落下していく犠牲者がいない．髪が逆立っていない．おかしい．また元に戻った．今度は誰もドアに殺到しない．

開かないことは知っているし、気力もかなり消耗しているからだ．私は3度目には冷静に実験をして確かめた．コインをポケットから取り出して離した．なんと足元に向かって落下したのである．

　もうおわかりのことと思うが、このびっくりハウスというのはソファーを固定した床はブランコのように揺れ、逆さまになるのではと思った瞬間に、係の人が総出で回りの家を逆方向に回転させるのである．従って、もし、家全体がハーフミラーでできていて、外からだけ中の様子が見えたら実に滑稽な現象だろう．少し揺れが大きくなって静止した途端に絶叫し、必死の形相になり、これを3度も繰り返すのである．

　からくりはわかったが、外に出ると私も吐きそうだった．

　年齢制限があるので、新生児は入れないが、多分何とも感じないと予想される．母親の般若面と絶叫で泣き出すかもしれないが、人が恐怖を感じるのは、さまざまな経験を積みながら学習するからだと考えるが、是非実験で確かめたいものだ．

　これほどの迫力はないが、テーマパークなどで、宇宙空間を小惑星の衝突をかわしながら進む乗り物も、ただ揺れているだけで、景色の映像が流れている．カーレースゲームはアクセルを踏むと前方の車を抜くように見えるが、実は後退してくる車に衝突しないようにハンドルで自車を左右に動かし、衝突を避けているというのが正しい表現になる．遊園地やテーマパークは楽しみながら物理を学習するには格好の場所である．

② ジェットコースター

　ジェットコースターはカート自身は動力を持ってはいない．モーターでA点まで引き上げられるという仕事をされ、その分だけ位置エネルギーとして蓄えられる．

　高さAから静かに動き出し、B, C, Dを通過する．A点では位置エネルギーは最大だが運動エネルギーは0，斜面を下ると位置エネルギーは減少するがその分だけ運動エネルギーは増加する．B点を通過する時の速さv_Bは最大になり、位置エネルギーは0になる．さらに登りになり、C点での速さはv_Bより小さくなる．そして摩擦力、空気抵抗がなければ$v_D = v_B$となる．

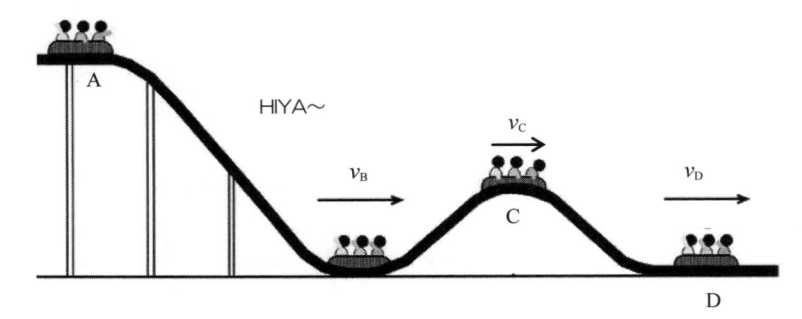

③ ループコースター

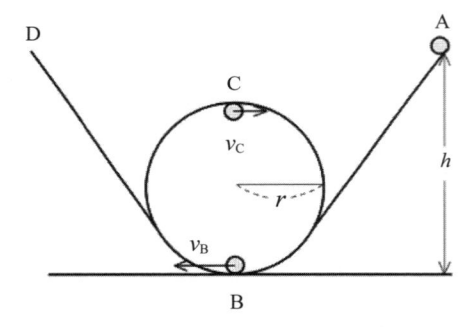

　ジェットコースターの中でもスリル満点なのがループコースターである．A 点まで引き上げられ，その位置エネルギーを運動エネルギーに変え，B 点では最大の速さになり，C 点を通過した後，再び B 点を通過して左のレールを登る．そして D 点で止まり，これを 2 回繰り返す．後ろ向きに進む方が恐怖心が薄れるのも不思議である．

　力学的エネルギー保存の法則から A 点の高さ h は C 点の高さ（半径の 2 倍）$2r$ と同じでも回るような気もするが，なんだか恐怖感が頭をよぎる．この感性が大切である．この条件では C 点の速さは $v_C=0$ となる．従って前へは進めず落下することがわかる．実際には C 点の手前でループから剥がれ落ちる．

　それでは，安全に回転するには h は最低どのくらいの高さが必要か気になる．

　C 点でも剥がれ落ちない条件とは壁に接触していることで，ボールが壁を押しつけその反作用の力が生ずることが必要である．この条件で解くと，$h \geqq 2.5r$ となり，半径の 2.5 倍以上の高さが必要であることがわかる．何となく安心する．この安心感が物理を学ぶ上で大切な感性である．

実際のループコースターは前頁のようにはなっていない．直線上の運動をしてきて急に円軌道に入ると，体が一気に重くなり，特に首を痛める．

　慣性により頭と体が直線方向に進もうとしているのに対し，座席が円軌道に入ると，座席が体を押し上げるため頭と体の間にある首が縮んでしまうのである．日本に入ってきた頃はこの種の事故が多発した．

　現在のループコースターは直線部分がなく右図のように，左右のコースもカーブして緩やかに円軌道に繋いで次第に力がかかるようにしてある．

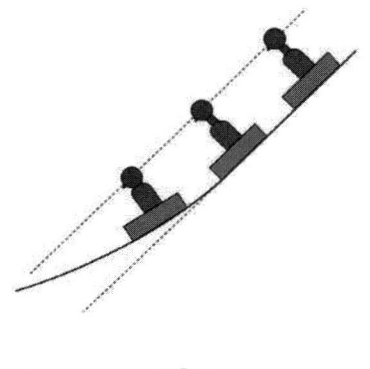

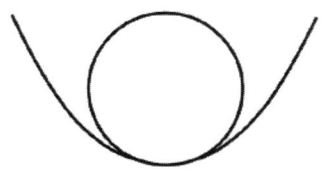

【製作】ループコースターを作ろう

　難しい話が続いたので3回転ループコースター（回転半径 5cm）を作って調べよう．

　ループに使用したのは，ホームセンターで売っている幅11(mm)，長さ1,800(mm)の薄いプラスチックモールである．

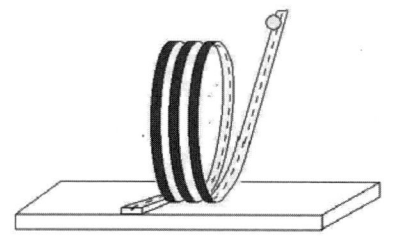

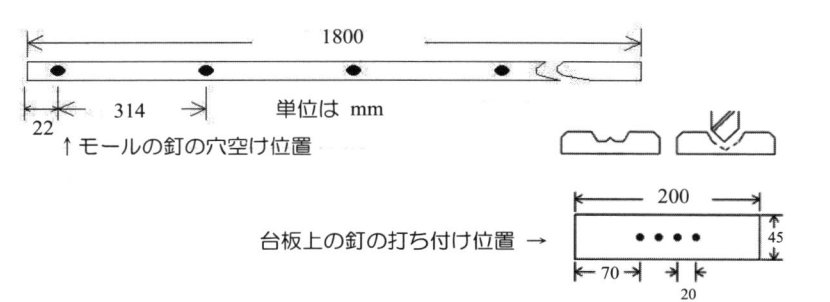

1800
314
22
↑モールの釘の穴空け位置
単位は mm

200
45
70
20
台板上の釘の打ち付け位置 →

このモールを輪にしながら小さな釘でかまぼこ板に打ち付けて行く．完成したら鉄球の落とす位置と回転の様子を観察しよう．低い位置から鉄球を離した場合，登り切らずに返ってくる．どの高さから離すと剥がれ落ちるか．綺麗に回転するためにはどこから落とせば良いか調べよう．

モールに釘を打つ位置はドリルの刃で円錐形に軽く削っておくと，鉄球が釘の頭に衝突せずに滑らかに回転する．

2台作って向かい合わせに設置して6回転ループにしたり，回転半径を次第に小さくすると回転スピードが増して面白い．

④ ポセイドン

ポセイドンは人気のある乗り物で，大型の海賊船を模した船に客が向かい合って乗り込む．船底はタイヤの回転で左右に揺さぶられ次第に大きな揺れになる．向い側の恐怖に引きつった顔がこちらの恐怖心を一層かき立てる．

この乗り物の恐怖は単にブランコの揺れが大きな揺れになってゆくというものではない．スイングが次第に大きくなり，先に話題にしたループコースターでの剥がれ落ちの状態になることによる．

従ってこの乗り物は両端が最も怖く，内側に剥がされて投げ出される感覚を味わうことができる．実際には安全バーがあって落下は防止されているが，とても気持ちが悪い．

中学時代に左肘を砕いて入院した時，同室の女の子はブランコこぎの競争をしていて肩を骨折したといっていた．競争に負けじとこぎすぎて剥げ落ち，頭から落下したようである．

サーカスでブランコをこぎ，やがて回転する

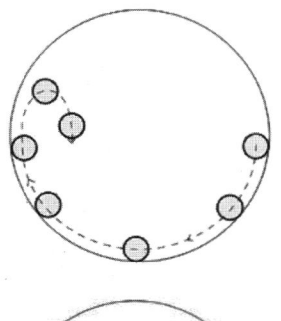

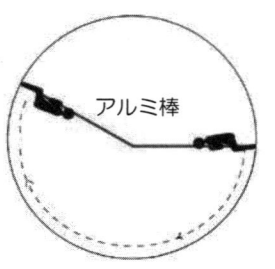

第6章　大学時代

技を見たことがあるが，それは鎖や綱ではなくアルミ製の棒で剥げ落ちを防ぐ構造になっている．

　サーカスにはオートバイで球形の木枠容器の中を猛スピードで走り回る出し物がある．はじめは，回転面を水平方向にしながら次第に速さを増してゆき回転面をゆっくりと垂直に移してゆく．2台のオートバイが狭い空間をすれ違いながら回転するなど，手に汗を握って見ていた．終わる時には再び水平方向の回転に移る．

　マフラーを改造しているのか，バリバリと爆音を響かせ，排気ガスが充満し，子供の頃から大好きな出し物であった．

⑤ フリーフォールとエレベーター

　フリーフォールは図のようなカプセルに固定され2秒間ほど落下し，方向を水平に変えてブレーキをかけて止まる遊具で，体はベルトで固定されているが，体が宙に浮く感覚が楽しめる．

　最高地点でカプセルが次第に前方に押し出されて行き，下方が見え始める時が実に怖い．

　1秒間では4.9m，2秒間では19.6m落下し，そのときの速さは9.8m/s，19.6m/sになるから，時速に直すと約36km/h，72km/hとかなりのスピード感も味わえる．

　エレベーターでも経験できる．昇る時は体が少し重く感じ，下がる時は体が軽く感ずる．実際にヘルスメータを持ち込んで量ってみると小刻みに針が動き確かに変動することがわかる．

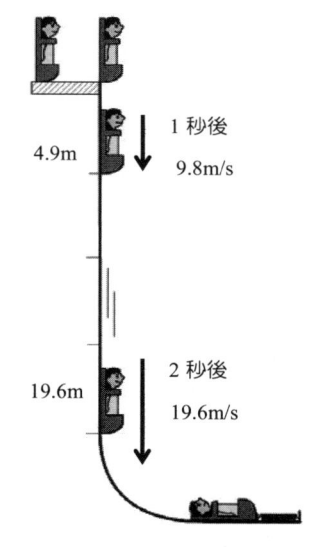

　では，急激に降下した場合はどうなるだろうか．アクション映画で見かけるエレベーターの綱が切れた場合はフリーフォールと同様に無重量状態になるが，体が固定されていないからボックス内を遊泳することになる．エレベーターにもフリーフォールのように水平に向きを変えてブレーキを

かける機構があれば良いのだが，付いていない．20mの高さから落下すれば時速約72kmにもなり，大惨事になる．では落下のときの衝撃を和らげるにはどうしたら良いだろうか．

　もしエレベーターがガラス越しに外の景色が見られるタイプならチャンスはある．体はボックス内を遊泳しているが，偶然床にしゃがむ姿勢がとれて，衝突直前に一気にジャンプして時速72km/hを実現できれば速度が相殺され0になるはずである．

　ただし，その速さが出せたとすると静止した地面からジャンプすると逆に20mの高さに達するジャンプになるので，トレーニングしても無理である．では，どのくらい効果はあるのだろうか．あるバレーボール選手の垂直跳びは，高さ72cmと聞いたので足が離れた時の速さvは

$$v = \sqrt{2gh} = \sqrt{2 \times 9.8 \times 0.72} = \sqrt{14.3} ≒ 3.8 \text{(m/s)} ≒ 14 \text{(km/h)}$$

となり72km/h－14km/h＝58km/hと19%ほどの効果はあるが，どうだろう．授業では盛り上がる討論ネタである．（エレベーターのボックスの質量が人の質量に比べて十分に大きいことが前提）

（3）ディスクブレーキは効果抜群

　大学でのサークル活動は人形劇に所属し，目口眉が動くからくり棒操り人形を作り，県公会堂で宮沢賢治作「セロ弾きのゴーシュ」を演じたり，夏休みには私が通っていたような複式学級の小さな小学校に人形劇や影絵劇等を持って出かけた．

　ある小学校で子供達が次々に幅30cmほどの階段の手すりを滑り台代わりに滑って行った．歓声を上げながら5人6人と滑り，つい私もつられて滑り出した．次の瞬間前方に迫ってきたのはトイレの全面ガラスの引き戸である．このままではガラス戸に全身から飛び込むことになってしまう．まるで映画のワンシーンが迫って来るようだった．先を進む子供達はどう

第6章　大学時代

するのかと思ったら，両足を締めて手すりを挟み込みディスクブレーキを掛けて見事に減速していった．とっさに私もディスクブレーキを掛けた．ガラス戸への飛び込みはぎりぎり回避できたが，とんでもない大惨事になった．北海道生まれで暑がりの私は子供達と違い短パンだったのである．

【解説】

①手をこする　　②火起こし　　③針金をのばす

④アイスバーン（氷）

⑤火傷をする

①〜⑤運動エネルギー→熱エネルギーの例

⑥位置エネルギー→運動エネルギー
　　→熱エネルギーの例

手を離すと
熱くないけど危険だね

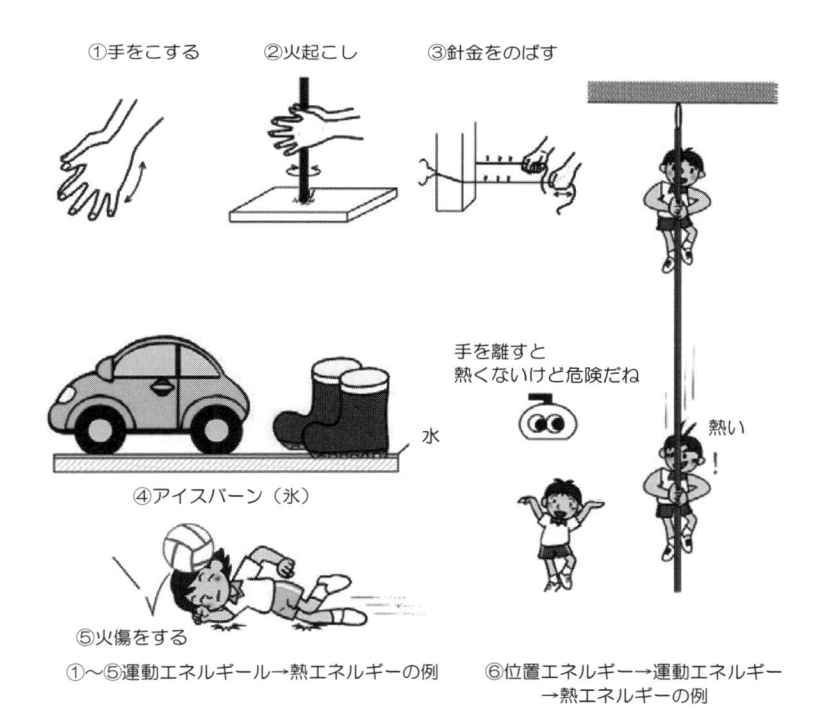

熱い！

　両肘を壊している私にとって棒登りは人生で 1 度も成功したことがない．とびついてしがみついているのが精一杯だ．この棒登りは仕事が位置エネルギーに変わり，運動エネルギーに変換され，それがやがて熱エネルギーに変換される例である．はじめに重力に逆らって体を持ち上げるという仕事をし，それが位置エネルギーとなって蓄えられる．この状態から手を離すと運動エネルギーに変換されるのだが身の危険を感じて手で棒を握

り，熱エネルギーに変換するともいえる．

　ウォータースライダーという遊戯施設はプールの滑り台で，水を常に流し，水の膜で摩擦をなくす．ある時，場内アナウンスで休止の案内があったが，滑口に係員がいなかったことから悲劇がおきた．2人の子供がウルトラマンのまねして頭から滑っていって途中から水が止まってしまった．運動エネルギーが，胸と腹，腿に発生した熱エネルギーと音エネルギーに変わってしまった．

　水の膜といえば，プロ野球で雨天中止になった時，ファンサービスにと陽気な選手がホームベース付近に張られたシートにたまった雨に向かってヘッドスライディングする時がある．水しぶきを上げながら随分滑るなーと思って見ている．

（4）摩擦力

　冬のアイスバーンで車がスリップするのも氷とタイヤの間にある水によるもので，スタットレスタイヤはこの水をタイヤに刻まれた模様（パターン）によって掻き出して，氷とタイヤを接触させているのである．スタットレスタイヤの性能はゴムを柔らかくする技術とパターンの進歩による．

　かつては，鋼鉄のピンをたくさんタイヤに埋め込んだスパイクタイヤが主流だった．氷に食い込みブレーキが効くが，これは摩擦力によるものではなく氷にくさびを打ち込んでいるようなものである．このタイヤはアスファルトを削り，北海道や北国の都市部では削られてできた轍（わだち）と粉塵が問題になった．

　雪の季節到来のニュースで首都圏の歩行者の転倒事故を見かけるが，靴の裏が雪国とは全く違う．革製で靴底が平らでは雨天時のスライディングの選手と同じである．北国の靴底は深い溝が刻まれていて，そこに水を取り込み，ゴム底と氷をしっかり接触させ滑らないようにしている．そのような靴（スタットレス防寒靴）を履いている私でも数年に1度の割合で転倒し足首に水がたまったりしている．

　氷上歩行で滑らないコツは，足で路面を勢いよく蹴らないことである．

第6章　大学時代

【解説】

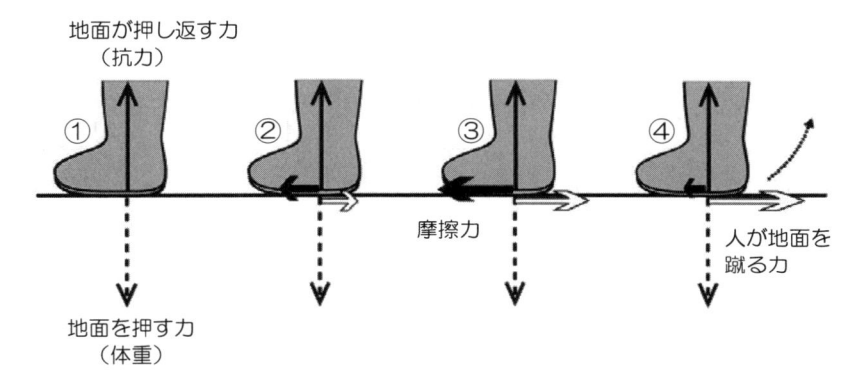

図①は長靴を履いた人が立っている状態を表し，人にかかる重力によって長靴の底が氷面を押す力とその反作用として，氷面が長靴の底を押し返す力を表している．この状況で生徒に，摩擦力は働いているかと問うと，約半数は働いていると答える．そこで，その摩擦力はどの方向に働いているかと問うと苦し紛れに，前方などと答える．では立っているだけでその摩擦力で進んでいくことになり大助かり？？？

正解は摩擦力はないのである．摩擦力は地面を蹴る力の反作用として，逆向きで同じ大きさの力が生じる，これが摩擦力である．

歩行は図②のように路面を蹴ってその反作用で体が前に進む．しかし，ある限界③を超えて蹴ると反作用の摩擦力④が急に小さくなり滑って転倒する．

滑らないためには路面に垂直に足を乗せゆっくり押しつけるように体重をかけ，次に重心を前に出してもう一方の足を垂直に乗せる．このことを繰り返すと滑らない．幼児のよちよち歩きが基本である．

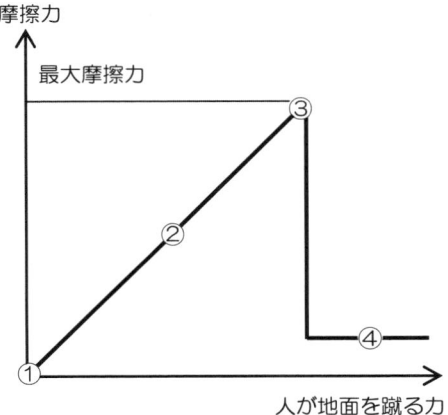

スケートは，氷に幅の狭い刃で大きな圧力を加えて氷を溶かし，生じた水を間に挟んで滑るのである．従って，屋外リンクであまり気温が下がりすぎると溶けにくく，スピードが出ないのである．

（5）お釣りはいらない

夏休みに大学のサークル活動で小さな小学校に出かけ，夜は大きな農家に泊めてもらった．ちょっと困ったのがトイレで，大樽を地面に埋め厚い板を2枚渡しただけのぼっちゃんトイレでだった．

正確に発射口におつりを返してくるから実に気持ちが悪い．2弾目の発射時にはタイミングを計り発射口を一気に退却させた．しかし，足首の位置が固定されているから，逃れられない．体全体が後ろに倒れて大惨事にならないためには必然的にあごを出して重心の位置を保たなくてはならなかった．このことに気付いた時には既に遅く，あごにアッパーを受けてしまった．ノックアウト．でも「あ～下見てなくて良かった」．この事件は重心についての大爆笑の授業ネタである．

【解説】

体の重心に作用する重力と板が押し返す力が直線上にあると打ち消し合って安定する．腰が後退すると2力間にずれが生じて転んでしまう．必然的に上半身を前に倒して重心の位置を保たなくてはならない．

おもしろい例で説明しよう．壁に間を空けずに向かった状態でしゃがむと膝が壁につかえ，腰が後ろに押しやられ，転んでしまう．これは壁

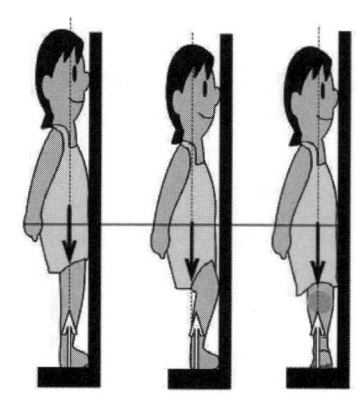

2力が直線上　2力間にずれ　がに股

に邪魔されて上半身を前に出せず，重心が後ろに移動したことによる．3人の姪に挑戦させたが誰もできない．しかし，この条件でしゃがむ方法がある．重心を前後にずらさずにしゃがむには「がに股」にすることである．

実験は 3 人の姪達にも馬鹿受けであった．

（6）ウインナーソーセージの危険

　食べ物に関しても挑戦し続け，失敗も多かった．バターをプラスチックケースに入れようとしたが，大きすぎたのでドライヤーで熱風を送り溶かして型に入れて固めようとした．結果は最悪で埃まみれの分離した油脂の固まりとなった．

　一方，ゆで玉子の型入れは成功した．熱いうちに長方形や円筒形の容器に押し込んで冷やすと固まる．黄身も変形して面白い．円筒形はラーメンのスライスゆで玉子の端を出さないためには良いと思った．調子に乗って冷凍ゆで玉子も作ってみたがこれは大失敗．白身の中に細かな氷ができて，溶かすとたくさんの穴になり，スポンジ状で色合いも白身が濃いグレーに変色し，味も食感も最悪だった．

　ビールが好きでつまみにウインナーソーセージを焼いて食べていた．フライパンを汚さない方法はと思いついたのがワインの栓抜きを使うことだった．螺旋部分をソーセージにねじ込みガス台であぶった．焦げ目ができていい感じ．1 口目はプリッツ，美味しい．2 口目のときジュと嫌な音がして唇が張り付いてしまった．冷水でかなり冷やしやっとの事で引き剥がしたが，しばらくウインナー型の唇になってしまった．

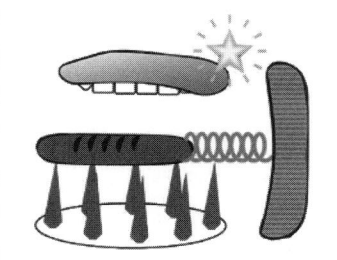

【解説】

　これは比熱で説明できる．比熱とは 1g の物質の温度を 1 度高めるのに必要な熱量のことである．水 1g の温度を 1 度高めるのに必要な熱量を 1cal（カロリー）と決めたので，水の比熱は 1（cal/g度）である．一方，鉄の比熱は小さく水の約 1/10 である．それで鉄は熱しやすく，冷めやすい．鉄は熱いうちに打てともいわれる．

　ウインナーは水分を十分に含んでいるから水の比熱と同じとし，質量は鉄の螺旋部分と同じとすると，等量の熱量を与えた時に鉄の上昇する温度

はウインナーの10倍になる．ウインナーの温度が50度上昇する時，鉄製の螺旋部は500度上昇し，唇に焼け付くのも当然である．

　水の比熱が大きいことは海辺の気温差が年間通じて小さいことからもわかる．多少の差はあるが生命体の大部分は水が占めており，外界の温度変化の影響を受けにくい．うまくできているものだ．

　（現在は熱量の単位はJ（ジュール）になり1 calは4.2Jに相当する）

（7）熱伝導と省エネ

　ワインの栓抜きには木やプラスチックの取っ手が付いており，手に熱が伝わらず熱さを感じない．だから先ほどの悲劇が起こったともいえる．鍋やフライパン，やかんの取っ手も同じである．

　熱はエネルギーの一種で物体を構成する原子の運動を激しくさせる．激しく振動している部分は温度の高い場所で，隣の原子との間隔が広がり，膨張する．また激しく振動する部分は周囲にその振動を伝える．この現象は熱伝導と呼ばれ金属はよく伝える．

　このことを実感する例は事務机である．天板はプラスチックでその回りに保護のため金属の帯が巻いてある．室温を20℃とすると，プラスチックも金属の帯もやはり20℃．それを35℃の指で触れると，プラスチックの部分は熱を伝えにくいので，接触面の温度がすぐに35℃になって熱の移動が止まるのに対し，金属の部分は振動が次々と伝搬し，指は熱を奪われ続けるので冷たく感ずる．

　最近のウォシュレットトイレは便座が暖かい．便座の内部に洗浄用のお湯を蓄えているためだが，使用しない時も周りの空気に熱が逃げていっていることを意味する．家庭のエネルギー消費量の6位，年間5千円分の電気消費量である．防ぐには，まず蓋をして放熱を妨げると良いが，もっと根本的な解決が必要である．

　省エネルギーの観点からすると，温水を蓄えて放熱分を補充するのではなく，必要な時に瞬間湯沸かし器の要領で温水を瞬時に作れば良い．また，便座の材質をもっと熱伝導の小さな材質に変えると，ほんの一瞬冷たいと感ずるだけで済む．発泡スチロールなら座っても冷たく感じない．あとは表面加工の問題である．

第6章　大学時代

　先ほどの火傷は高温の金属原子の激しい振動が皮膚の分子に伝わり，細胞が破壊されたことによる．

（8）大学三年，バイクを買って古城，古戦場巡り

　アルバイトで資金を貯め，一般教養試験が終わった9月に90ccのバイクを買い，2週間後の9月14日早朝，大きなリュックを括り付けて1人で旅に出発した．宿は行った先々の大学の寮にお世話になり1泊50円から200円ほどで助かったが，出発してすぐに土曜，日曜，休日の3連休に遭遇し，郵便貯金が下ろせず，インスタントラーメンを固形のまま食べて過ごした．火曜日の朝，貯金を引き出して，店でパンをたくさん買ったところ，哀れみを受け，店のおばさんに朝食をご馳走になった．美味しかった．

　足を地面に着けずに何時間走れるかに挑戦したり，雨に降られ焼けたエンジンに足を押し当てて蒸気を巻き上げながら暖をとったりして南下した．

　高校時代に大河ドラマに魅せられ，また，大学受験のため『人物日本史』という本を10冊ほど読んだ．その頃から実際に訪れてみたいと思い，この計画を考えていた．人生の中で3週間の休暇は当分とれないだろうとの思いもあった．

　ルートは盛岡→朝倉城（横手城・秋田）→霞ヶ城址（山

形城・山形）→米沢城址（山形）→会津城（福島）→春日山城址（新潟）→善光寺（長野）→川中島古戦場（長野）→妻女山（長野）→海津城（長野）→上田城（長野）→松本城（長野）→富山城（富山）→金沢城（石川）→福井城（福井）→北ノ庄城址（福井）→一乗谷城址（福井）→丸岡城（福井）→姫路城（兵庫）→大阪城（大阪）→彦根城（滋賀）→関ヶ原古戦場（岐阜）→稲葉山城（岐阜城・岐阜）→犬山城（愛知）→名古屋城（愛知）→福島→盛岡．盛岡には10月5日午後到着，22日間の旅であった．トンネル内で大型トラックに大型リュックが接触して，巻き込まれそうになったり，雨にたたられ風邪を引いて震えながら進んだりと，危険はあるが，1人旅は気兼ねなく，気楽な所が良い．

【旅行雑感】

　米沢城址は現在，上杉神社になっており，上杉氏は関ヶ原の戦いで西軍についたため会津120万石から米沢に30万石に削減のうえ転封させられた．謙信公，景勝公，直江兼継公の鎧など多くの宝物がある．さらに藩主が世継ぎを定めぬままに急死したため血縁の養子を迎え半知の15万石になり，藩財政は窮乏していった．その後，藩主に迎えられた上杉鷹山公が殖産振興として織物を奨励し立て直しに成功した．現在も米沢織りとして伝わる．「なせばなる．なさねばならぬ……」は名言である．

　また，市内には歴代藩主の廟が杉林の中に謙信公を中央にして左右に整然と安置されている．謙信公は新潟県春日山に城を構え，酒が好きで脳溢血で49歳で亡くなったと聞いた．

　謙信公が住んでいた春日山城は廃城となり240万石ともいわれた当時の面影はない．春日山に登ると采配をふるう鎧をまとった頭巾姿の謙信公の銅像が迎えてくれた．さらに草深い道を登り山頂に着くと，当時の建物は既にないが瞑想にふけった毘沙門堂があり，眼下全方位に広大な田園風景が広がる．謙信公はこの光景を見て何を思ったのであろうか．謙信公の義の思いが伝わる．幼名の虎千代時代に修業した林泉寺を訪問し，毘沙門天の毘の小旗を買ってリュックに付けて旅を続けた．新潟市は私の祖母方の発祥地である．

　川中島古戦場における大将同士の一騎打ちは有名で，謙信公が馬上から

第6章　大学時代

斬りつけ，信玄公が座ったまま軍扇で防ぐ大きな像があった．各地に残されている合戦屏風に描かれた両雄の姿は，川の中で互いに馬に乗って刃を振りかざしているもの，兜をかぶっていたり頭巾だったり，鉢巻きだけのものとさまざまだが，一騎打ちそのものが本当かどうかもわからない．

　しかし，関ヶ原の合戦は日本を2分する，まさに天下分け目の大戦であったが，小早川秀秋をはじめ多くの裏切りという後味が悪い決着の仕方であった．それに対して，川中島の戦いは地方の戦国大名同士の戦いで，何度も戦ったが決着がつかず，全国的な視点からは歴史に特に影響を及ぼさなかったにもかかわらず，両雄が死力を尽くし堂々と戦ったことで日本人に好まれ今日まで語り継がれてきたと思う．上杉方が布陣した妻女山にはバイクで登れた．

　上田城は大きくはなかったが，真田昌幸，幸村親子が関ヶ原に向かう徳川の大軍勢を知略の限りを尽くし，城下町の構造を駆使して釘付けにした城である．西軍敗北後は東軍についた兄の居城となり真田家は存続した．血筋を絶やさないという小国の逞しい戦略を感じた．

　幸村公は関ヶ原の合戦後，父と共に長年の蟄居生活に入ったが，大阪冬の陣では豊臣に忠節を尽くし，大阪城に曲輪の真田丸を築き奮戦し勝利に導くが，翌年の大阪夏の陣で家康本陣に突撃し散った．49歳であった．

　稲葉山城は早朝霧の中，息を切らして1時間かけて登った．到着と同時にロープウエーが動き始め興ざめしたが，難攻不落の城であったことがよくわかる．秀吉公が少人数で攻略したのはよほど奇抜な策略あってのことであろう．

　織田信長公がここから眼下に流れる長良川越しに都の方向を眺め，天下布武を考えていたであろう．また，信長公といえば49歳で本能寺の変で夢半ばで没し，直後に明智の手勢によって安土城は炎上した．歴史的史跡の保存もあろうが安土城の復元を望みたい．最近訪れると城の立派な模型と，天守上部の実物大の復元模型があり素晴らしかった．

　関ヶ原古戦場に着いた．地形を見ると東軍を囲む周囲の山に布陣した西

軍が断然有利だ．それなのに西軍が歴史的な大敗北になったのは石田三成公の人望のなさが原因とされるが，大谷吉継公などの盟友もおり，歴史は勝者によって語り継がれるものだ．

毛利輝元が西軍総大将として大阪城にこもらず前線に出て，小早川秀秋も含め一族が西軍として戦っていたなら，その後は主要ポストを占めていたであろうから，長州藩として山口県萩に封じ込められることもなかったであろう．

また，島津隊が西軍の敗戦濃厚の中，果敢に関ヶ原の中央突破を試み，兵の大半を失いながら落ち延びたが，もし討ち取られていたら薩摩藩はなかった．そう考えると長州藩や薩摩藩による明治維新は存在しないし，戊辰戦争で東北地方諸藩，庶民が辛酸をなめることもなかった．だがその相手の徳川幕府そのものがなかったから日本はどんな歴史をたどったのだろうか．

三成公布陣の笹尾山に腰掛け，もしも，もしもを繰り返し知将，猛将諸侯の夢を垣間見，その後の日本のありようにに思いを馳せた．最近，テレビで日本史関連の番組が多く放映され，史跡巡りに再び駆り立てられる．

北海道に生まれたことをいい訳にはできないが，生来，暗記科目が苦手で地理で全国の山や川，産業などは全くわからず，興味もなかった．しかし，日本の歴史を訪ねる旅を通して，山河の名前を知るだけではなく，それらを生かした築城，布陣，そして産業の奨励など自然や気候も含めて総合的に学ぶことができた．

海外への旅行を通じては，人名を覚えるなどさらに苦手だった世界史を楽しく学ぶことができるようになったし，必要に迫られ最小限の英語や現地の言葉も話すようになった．万里の長城は別格としても西洋の城は石でできており営々と残っているのが羨ましい．

試験のための暗記ではなく，体験を通して楽しみながら学ぶ生きた学問が大切である．現在では子供達は総合的な学習の時間に校外に出て地元の有識者に歴史を伺ったり，さなざまな体

第6章　大学時代

験を通して学んでいる．良いことと思う．

　目標であった尊敬する三公の没した 49 歳を超える年になり，岡崎城など徳川方の城も訪ねるようになった．母方の先祖発祥の地である四国，そして山陰，九州，沖縄も巡り，ほとんどの城と古戦場を訪れることができたし，米沢城址，春日山城址，関ヶ原古戦場など 2 度 3 度と訪れた所もある．定年後はワンボックスカーで寝泊まりしながら数ヶ月連続して詳細に巡りたいと思っている．もちろん 1 人で．

　岩手県には中央勢力と一線を画し独立国として百年間，黄金文化を築いた時代があった．藤原清衡公（きよひら）が前九年，後三年の役で父と妻子を失うという波乱の半生から敵・味方，動植物に至るまで等しく供養し戦争のない理想郷を造りたいと浄土思想をもとに中尊寺金色堂を建立し，二代基衡公（もとひら）は毛越寺（もうつうじ），三代秀衡公（ひでひら）は無量光院（むりょうこういん）を造った．秀衡公が没した直後に義経をかくまったとして鎌倉幕府，頼朝に滅ぼされてしまったが，是非とも世界遺産登録となり，金色堂の光と共に世界平和に貢献したいものである．

（9）大学四年，ヤンキーの教育実習生

　大学四年間で役に立ったと強く印象に残っているのは，9 月から附属中学校で行われた教育実習である．指導を受けた魅力的な先生方にはその後，教育行政の仕事においてもご支援いただき感謝に堪えない．

　しかし，教育実習開始の朝は悲惨だった．いつものように G パンとジャンパー姿でバイクに乗って向かったが雨がかなり降っていたため G パンの裾から泥水がしたたり，渋滞のため，遅刻すれすれで校門をくぐり抜けた．職員室で点呼の後自己紹介になった．しまった．整列した数十名は，昨日までとは別人のように皆スーツやブレザーだった．研修の手引きには服装までは書いていなかったと思うが，取り扱い説明書を読まずにスイッチを入れる性格がもたらしたいつもの悲喜劇である．

　当然目立った．教育実習慣れしている子供達がつけたニックネームは G パン刑事になぞらえて G パン教生だった．

　教育実習期間は朝 5 時に起き，実習が終わっても教材作りに没頭し学校を出るのは 22 時くらいで，教師としての形を作っていただいた．自主トレの家庭教師もこなしながら，延長を願い出て結局 45 日間の充実した教育実

習を送った．

　「おい教生！」などと呼ぶ無礼者もいたが，かわいい子供達だった．日曜日にはアパートに遊びに来て，改造したプラモデルの戦車で遊んだり，爆破実験をやりすぎ，隣から苦情が寄せられたりした．エネルギーの実験で火薬を使ったエネルギー測定を行うなど強烈な授業展開の結果「藤原大先生」と恐れられた．

　最終日には謝恩会があり，各教科対抗の出し物合戦があった．多くは合唱であったが，理科は主任指導教官が体操が得意でプリマドンナを演ずるからバレー「白鳥の湖」をやろうと提案された．私はもう1人の男子が入院したので自動的に王子役となった．高校時代に白雪姫の仮装をした時の王子の衣装があったが，既にかなりきつかった．

　音楽，演出等全て主任指導教官が行い，舞台稽古も行った．ただ私にとって不安だったのは両肘でプリマドンナの主任をリフトアップすることである．

　しかし，全くの杞憂で，先生は細身の筋肉質の体で自ら大きくジャンプし宙に舞った．素晴らしい反応で，拍手が止まなかった．職業としての教師の魅力をさらに増した出来事である．

　附属中学校での教育実習の前の7月にもミニ教育実習に参加した．種市町（現洋野町）の小学校6年生が担当で理科の授業は「なぜ汗は出るのか」であった．

　主発問の後，元気な男子生徒の挙手があり

　「ハイ，垢を落としやすくするためです！」

　「正解です！」

どっと盛り上がり，皆体のあちこちをこすりはじめた．その後も誘発されたように多くの具体的で活発な意見が出た．その中で，気化熱で体温を下げるという答えも出たが，垢落としのほうが子供達には印象に残ったと思う．確かにその通りで，それはそれで良いと思う．

　公開授業などでは，教師が期待する答えが出るまで執拗に「他にありませんか」と問い続け，ヒントで誘導して求める答えが出た途端にまとめに入る光景を見かけるが，子供達のストレスは計り知れず，理科嫌いを生む

遠因になると思う．

　子供の発想を大切に取り上げ自由に発言させ，討論させることが理科の醍醐味であり，そのために教師は力をつけなければならない．

　授業後，担任の先生宅にお世話になり，超高価なステレオセットを拝見しながら，多くのことを教えていただいた．今は小学校勤務だが，高校の英語教員を受験し直すと話された．

（10）教員採用試験

　このような素晴らしい出会いから，中学校の教師も魅力的だったしお誘いもいただいたが，ある事情で，やはり高校の物理教師を目指すことにした．そして長男であるから，北海道に戻ろうと，北海道と岩手の採用試験を受けた．小学校，中学校に比べ高校の物理の採用者数は極めて少なく難しいといわれていた．

　教育実習前の夏の盛りに岩手県の学科試験があった．私は成人式に買った唯一の冬用のスーツにネクタイ，革靴姿で汗を吹き出しながら会場に向かった．北海道出身というだけではなく人一倍の暑がりの私には地獄の服装だったが，会場で見たのは異様な光景であった．皆の姿はカッターシャツかTシャツ，せいぜい半袖のYシャツ姿だった．しまった，今日は面接がないんだと思って歩いていたら後ろから声をかけられ振り向くと，種市町でお世話になった先生で履き物は素足にゴム草履だった．

　北海道の面接試験は学科試験と連続して行われ，家族構成や意欲を問う一般的な内容であったが，岩手の面接は学科試験とは別に秋に行われた．服装は正装で良かったが，面接内容は北海道とは異なり口頭試問で，学科試験時に詰め込んだペスタロッチについて質問されたが，そのときは冬山の暖かなペチカしか思い浮かばなかった．

　次々の問いに必死にもがいたが，2や3の数字が小さく書き込まれていった．試験官はその後の教員生活で大変お世話になる方々であったが，そのときは，皆さんとは縁がないものと思った．

同級生は先輩から情報が入っていたらしく対策は十分であったようで，平然としていた．私だけ秋なのにまた大汗をかいていた．

（11）北海道立遠軽高校には縁がなかった

　岩手よりは手応えを感じていた肝心の北海道からの合否の通知が来ない．一方，岩手からは合格通知がもたらされ，返事の締め切りが迫っていた．実家に帰り，両親とよく話し合い，岩手県にお世話になると返事をした．

　その翌日，電話が鳴った．北海道教育委員会からで，合格の通知電話を1ヶ月間かけ続けてきたが，やっと，繋がったとのことで，すぐに遠軽高校着任の返事を求められた．

　からくりは簡単だった．当時，喜茂別町でも電話は各家庭に引かれていたが，役場からのお知らせが流れるタイプで，通話相手が喜茂別町内の場合は快適に繋がるが，全戸に対し，電電公社（現NTT）との回線は1回線しかなく，数千軒の内の1軒でも町外と話している間は，町外と繋がらないのである．1ヶ月も時間があったなら葉書1枚くれたら私の人生は大きく変わったはずだ．

　随分考えたが，着任すると返事をしてしまった岩手県に迷惑をかけることはできない．義なくしては教師稼業はできない．岩手にお世話になろうと決めた．高倍率でもったいないとのお言葉もいただいたが，北海道の担当者には翌日断りの電話を入れた．このときは不思議にすぐ繋がった．

　私自身は割り切れたが，いつもの岩手に戻る時と異なり，母を始め家族が涙して手を振って送られたのが辛かった．遠軽高校には縁があるとはならなかったと道東を旅行するたびに思い出す．

第7章 花泉高校時代（4年間）

（1）新生活との出会い

　教師の振り出しは花泉高校だった．花泉は岩手県の最南端にあり，東北本線で南下すると宮城県内の1駅を通過してから到着する．

　滅多に雪の降らない暖かい土地で，3月末に駅に降り立ったとき，温かな風に祝福されながら，これから続く38年間の波乱に満ちた物理教師の生活は始まった．

　教員住宅は工事が遅れ，2ヶ月ほど文房具店の2階にお世話になった．夕食は花泉食堂で美味しく十分な栄養補給ができたが，朝昼が困った．当時はコンビニ弁当などなく隣の店で毎日，菓子パンと調理パンを購入していたら，ある朝，哀れみを受け立派なお弁当を持たせられて恐縮した．

　5月末に入居した新築の教員住宅は規格より小さめの畳だが6畳3部屋で小さな台所と風呂が付いて，部屋代は盛岡のアパート7.5千円より少し高いだけで，とても快適だった．電話も教頭住宅が空いていたので，それを移設してもらった．当時は電電公社の債権は驚くほど高く，給料の2ヶ月分ほどだったので助かった．電話がなくて残念な思いをしただけに電話には思い入れがある．

　着任式，始業式，入学式，入団式と目まぐるしく日々が過ぎて行き，着任から10日ほど経って給料が出た．手取り6万円を少し超えた．組合が頑張って一気に給料が上昇したと知らされた．学生時代も仕送りに家庭教師2軒

と奨学金で4万円以上の収入があったが，部屋の綺麗さと広さが嬉しかった．早速，大きなカラーテレビを分割で買った．当時のテレビは高価だったが，私の新生活のスタートはテレビの購入から始まる．つくづくテレビが好きなんだなと思う

　この花泉高校で，多くの師匠と同僚に出会うことができた．今ほど初任者研修が充実していない時代だったが，週末連れられ焼き鳥屋で教師としての在り方をたくさん教えていただいた．その後，真夜中にタクシーで先輩の教員住宅に上がり込み，パジャマ姿の奥方にラーメンをご馳走になって帰ることもあった．大変ご迷惑をおかけした．思ったことをストレートに話す生意気な私であったが，自称初任者研修担当と称する熱い情熱を持った先輩方から「北海道の男爵芋頑張れ」と声援を送られるなど，先輩の方々にはかわいがっていただいた．

　また，同僚にも恵まれた．同じ年に採用になった生物教師は人格者で生涯の友としておつきあいいただいている．性格は私と正反対で争いごとは好まず，気は長く，生徒のためなら全てを投げ出し，私との約束の時間にはしばしば激しく遅れる人である．研究者タイプで家にテレビ，ラジオはなく，専門書と図鑑を見て過ごし，当時はやり始めたカラオケを風呂場で桶をかぶって歌い，エコーをかけるものと堅く信じていた．

　酒の強さも正反対である．歓迎会で一緒に並んで歓迎を受けていたところ酔った先輩が俺の酒が飲めないのかと絡んで，私が彼の分まで美味しくいただき，人命救助したこともある．飲んで具合が悪くなるのではなくセーフティスイッチが入り眠ってしまうのである．一関の実家から通っていたので，飲み会の後は一関止まりの列車を探し，酔い覚ましにと気を利かせてソフトクリームを渡したことがある．駅員に起こされ，目覚めると，溶けたアイスクリームがズボン一面を覆い，大変なことになってしまったと翌日聞いた．結婚式のスピーチでこの話を披露して奥様には受けたが，彼の親戚の目は笑っていなかった．

　そして出会って早々に私の弔辞をお願いした．年は彼の方が2歳上だが，

私は大酒飲みで敵も多い．きっと五十歳までは持たない．しかも，親戚や同級生も岩手にはいないのでと頼んだ．やはり，弔辞のない葬儀は寂しい．

　そんな彼が深刻な顔で後輩の私に相談を持ちかけてきた．教員試験の他に県職員の試験も受けていて，検死官採用の通知が来て，専門を生かせる仕事と思うが，教師の仕事も魅力的で迷っているというものであった．私はとっさに「亡くなった方の過去を追い求めるよりは，これからの子供達の未来を追い求めた方が良いのではないか」と，いつも冗談をいっている私には珍しくまともな解答をしてしまった．「そうだな」といってくれた．良かった．これで共に教師としてやっていけると思った．弔辞のお願いはしたが検死はちょっと遠慮したい．

　研究熱心な彼の影響を受けて私も研究を始め，後に教育センターで一緒に仕事をする機会にも恵まれた．

　現在も，みちのく虎一会の副会長をお願いし，一緒に激しくタイガースを応援している．

（２）授業開始──新採用研修授業

　新採用研修は今ほど計画的に１年間を通じて行われるようなことはなかったが，４月末に管理職の前で公開授業を行った．授業のテーマは「慣性の法則」で，演示実験は毎回行っておりこの授業スタイルに生徒も慣れてきていた．

　準備に取りかかった．工作用紙にハンドルを持ったドライバーの絵を描き角棒に接着する．人が体勢を立て直す腰の力を表すバネを用意し，それを底板に取り付け，バネの上部に角棒を差し込んでドライバー人形が完成する．この後作品番号を付けるほど，大作の自作教材を製作するが，この頃の作品は小道具といったところである．

　自動車は力学台車で代用し，輪ゴムを一定に引き

延ばして 30cm ほどの間引き続ける．そして，輪ゴムを素早くはずし，力を加えない状態でしばらく進ませた後，段ボールに衝突させ，負の加速度を受け続けて減速させる．

正の加速度，加速度ゼロ，負の加速度を確認した後，v-t グラフに表す．

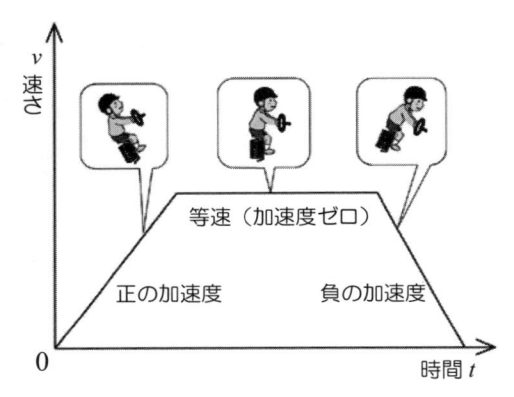

次にドライバー人形を力学台車にセットし，先ほどと同じ運動をさせたら，ドライバー人形はどうなるのかを，自分が乗ったと思って予想を立て，図中に記入させた．多くの生徒はブレーキがかかったときの体が前のめりになることは容易にわかったが，加速度ゼロの状態は意見がわかれた．

実際に実験すると，はじめはその場所に残ろうとして，後ろに倒れ，その後はバネの力で体制を立て直し，そのまま進もうとするが負の加速度を受けて，前のめりになる．

物体の性質として，「静止している物体は静止を続け，運動している物体は等速直線運を続ける」という性質があり「慣性の法則」と呼ばれる．

運動している物体はそのまま直線上を等速で進もうとする性質が特に重要で，乗り物に乗っていて急カーブにさしかかると，遠心力が働くと感じ

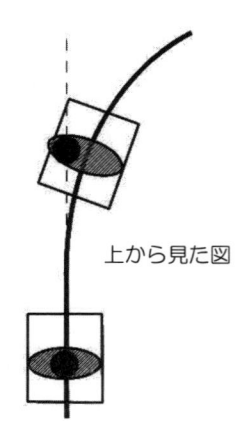

てしまうが，体は真っ直ぐ進もうとしているのに，座席が円軌道を描いて内側に逸れていくので，上半身が取り残され外側に倒れるのである．月も真っ直ぐ進みたいのに地球から万有引力で引かれ常に方向を変えさせられ円運動を行っているのである．もし，地球が一瞬のうちに消滅したら，月はその瞬間から直進して去っていく．

　授業の最後に活用の問題を出した．相手が物陰に隠れているときに銃身をコの字型に曲げた場合は有効だろうか．また，円軌道を描くように曲げた場合で弾丸はどのように進むだろうかである．この例から物体は等速直線運動をし，方向が変わるには何らかの力が必要であることが無理なく理解できる．

　授業は幸いにも専門の物理だけの担当だったので，教育実習と家庭教師の経験を生かして困難なことは特に感じなかった．漢字はよく間違え，テスト問題で「天井から糸でおもりを吊し」と書くべき所を「天井」と書いたりしたが，生徒諸君がカバーしてくれた．

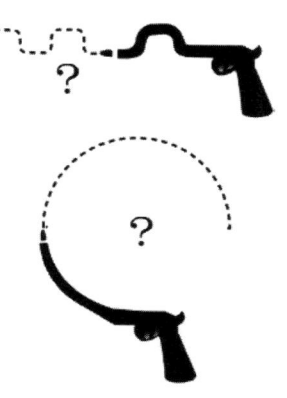

　その後，現在の仕事柄，初任者研修等で新人教師に対して当時の思い出からこれまでの経験を踏まえて次のような話をする．

<初任者へのメッセージ>

　皆さんは学校で人気がありますか？　生徒がよってきますか？

　昨日スーパーで見かけたけど昨日何食べたの？　独身なの？　どこに住んでいるの？　休みの日には何して過ごしてるの？　みんなで遊びに行っていい？　などなど生徒は問いかけてきます．若いというだけで皆さんは生徒にとって魅力たっぷりなのです．だから，授業が下手でも，必死に努力し汗だくで授業に取り組めば授業は成立するのです．

　他の職業ではこうはいきません．常に先輩が付き添い取引先巡りをしたり，技術系では見習いから始まり製品の仕上げまでは任せられないでしょう．しかし，教師だけは後ろに指導教官がいたとしても，授業の途中でストップがかかり，指導教官が代行したりしません．少なくともその時間が終わるまで

は任せられています．いわば教師はピン芸人なのです．観客に受けても受けなくても高座は与えられた時間まではあなたの時間です．

　若い教師は生徒の協力で授業は成り立つし，ベテラン教師の授業より成果が上がることだってあります．それは，若いという魅力です．魚の稚魚が栄養豊富な大きな袋をぶら下げているのと同じです．

　しかし，栄養豊富な袋はいつまでも膨らんではいません．次第に小さくなります．皆さんの若いという魅力もいつまでも続かないのです．結婚し，子供ができ，お腹が出て，頭が薄くなります．また，職場に新人の若い教師が現れることもあります．今の人気に安閑とせず，そのときまでに，努力し自分の授業スタイル，自分の芸を確立しなければなりません．

　また，今現在，全く子供達に人気のない方がもしいたなら，職業選択を再吟味したほうが良いかもしれません．教師という職業は究極の客商売で，客は気に入らないといって他の店で買い物をするというようなことはできないのです．与えられた関係の中で生徒と教師が共通の時間を過ごしますが，親兄弟と過ごす時間よりも遙かに長いのです．互いに不幸な時間を送ることは避けたほうが賢明です．教師は特殊な仕事であり教師に向かないとしても，能力がないということでは全くありません．他に大いに活躍できる仕事，適性にぴったり合った，自分を発揮できる天職を見つけてほしい．

　そして，教師を続けようと決めたら，自分を磨いてほしい．研修に励んでほしい．これからが真の研修が始まりです．新採用研修，経験5年を経過した先生方の行う研修など義務づけられておりますが，研修は本来，自主的，自発的であるべきです．自ら求めて研鑽を積んでいくことが大切なのです．

　学校現場は多忙を極めていることは重々承知しておりますが，そのことを自己への言い訳にしないでいただきたい．そして若いときにどのように過ごしたかで教師としての力量が決まります．

　始業式の担任発表で自分の名前が出たとき拍手が湧くか，ため息が漏れるか，教師としての勝負所です．これから始まる皆さんの教員人生に幸多かれと祈ります．

（3）静電気の恐怖

　授業は実験を多く取り入れ，順調に進んでいったが，とんでもない失敗も

第7章　花泉高校時代（4年間）

した．3年生の選択物理の授業で，終盤にさしかかったとき，私は全く気付かなかったが，野球の応援から帰ってきた応援団長が教室に入ってきた（そうである）．生徒達が1つの実験台を二重三重の輪に囲み実験を注視していた．静電気発生装置であるヴァンデグラフ起電器でライデン瓶に静電気をためて，危険について説明していた，まさにそのとき，人混みからひょっこり現れ「せんしぇーこれなにっしゃ」とライデン瓶から出ていた金属棒を握ったからたまらない．宙を舞う応援団長．

　もしものことがあったら私は免職だったと思う．テレビで静電気をためて，タレントを感電させて驚かすシーンを見るたび思い出す．原理は同じだが，ヴァンデグラフ起電器は強力なのである．

【解説】 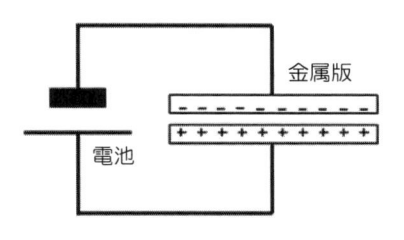
　ライデン瓶は静電気をためる装置である．2枚の金属板に電池を繋ぐと正負の電荷が互いに引き合いとどまる．この静電気量を多くするためには，2枚の金属板に加える電圧(V)を大きくするのはもちろんだが，金属板の面積を大きくしたり，間隔を狭めると良い．ただ，あまり接近させると接触してしまうので，プラスチックやガラスなどの電気を通さない絶縁体を挟む．このようにしてできたものがコンデンサである．

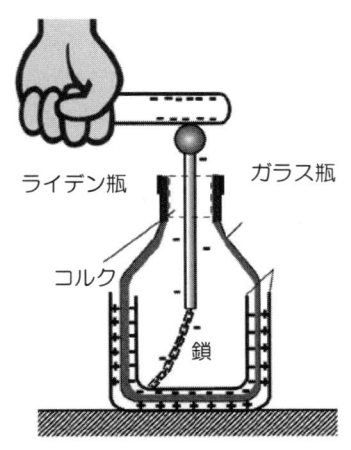

　ライデン瓶はその一種で，図のように絶縁体にはガラス製の瓶を用い内側と外側にスズ箔を貼り付けている．これに電荷をためるのだが，下敷きやプラスチック定規，塩ビパイプなどをアクリルセーターなどでこすると電子が移動してきて，マイナスに帯電する．これをライデン瓶の上の金属棒にふれると鎖を通じて内側にマイナスが帯電する．この内側の電子に追われる形で外側のスズ箔にあった電子が机などを伝わって逃

げ出し，結局，外側はプラスに帯電する．この正負の電荷が引き合う形で多くの電荷が蓄えられるのである．内外のスズ箔間の電位差（電圧V）は数千ボルトから1万ボルト程度になる．触ると感電し飛び上がる．電圧が高いので電気ショックがあるが，たまっている電荷が少ないので一瞬で放電し，さほど危険ではない．

平賀源内先生がエレキテルと名付けた実験装置はこれで，手回しで2枚の円盤を逆回転させて摩擦による静電気を発生させ，ライデン瓶にためるのである．

冬の乾燥したときにアクリルの絨毯の上を歩いて体に静電気がたまりドアノブを触ると火花が出ることは多くの人が経験する．

ライデン瓶の簡易型はテレビの科学番組でも紹介されているようにプラスチックのコップの内と外にアルミ箔を押しつけて簡単に作れる．

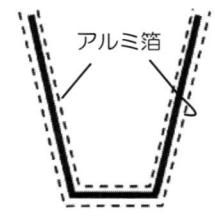

では応援団長はなぜ宙を舞ったのか．それは静電気の発生装置が電動モーターで連続して静電気を発生させ，10〜20万ボルトという高電圧になるヴァンデグラフ起電器を使ったからである．この装置は摩擦によって静電気を発生させるのではなく，異なる2物体を引き剥がすときに発生する静電気を利用する．ホームセンターでアクリル板を買うと，両面に傷防止のための紙が貼ってある．この紙を剥がすと電子がアクリル板に移り，アクリル板がマイナス，紙がプラスに帯電し，アクリル板に塵がよってくることはよく経験する．

ヴァンデグラフ起電器はゴムベルトを高速回転させ，アクリル製車輪とゴムベルトの引き剥がしにより静電気を連続して発生させている．頭部が球体になっているのは，電子同士が互いに反発して飛び出すのを留めるためで，もし，先が尖った金属を取り付けるとそこから電子が空中に放電される．

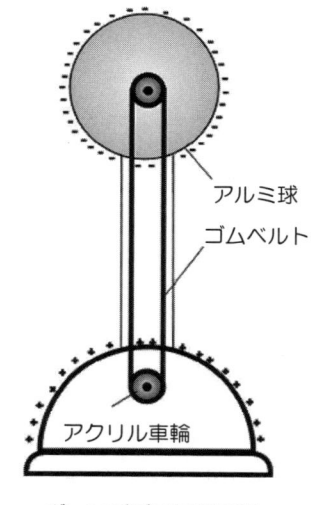

第7章　花泉高校時代（4年間）

　このヴァンデグラフ起電器でたまった静電気は強力で，浮遊している塵やちり紙を細かく裂いた物などを強力に引きつけ，接触すると電子を与え同じマイナス同士で反発して放出する．

　人が近づいても引きつけられる感覚がある．空襲直後，避難中に垂れ下がった高圧電線に引き寄せられて感電死したという話もある．

　ヴァンデグラフ起電器の頭部にスズランテープを細く裂いた物を張ると，髪の毛が逆立つようにみえる．また，人形を乗せると，一斉に髪の毛が逆立つ．これはマイナスの電荷同士が反発し互いに離れようとするためで，人形の代わりに人間でもできる．

　絶縁のため発泡スチロールの箱に乗り，手を当ててからスイッチを入れて静電気を発生させる．髪の毛のみならず全身の毛が逆立つとはこのことかと実感できる．顔の産毛も逆立つように感ずる．

　外部の人と指を近づけるとたまっていた電子が一気に火花を発して流れ出す．台に乗っている人が 10 万ボルトにも達しているので，帯電していない人（0 ボルト）との間に大きな電位差があるので，強烈な電気ショックを受ける．一般に 1 万ボルトあたり 1cm で放電するといわれるから，この場合，約 10cm 離れていても放電する．先に説明したように．先の尖った指先には電荷がよくたまる．

　大人気の授業ではあるが，目等への放電は極めて危険であり，事故が起こらないように，静電気の性質を十分にわからせた後にやるべきである．

（4）戦艦大和の製作

子供の頃から物作りが好きで，夏冬休みは工作を作るためにあると思っていて熱中し，金賞をもらって喜んでいた．模型作りは小学校のときは戦車に凝り，大学時代も大型の戦車を作った．また，エンジン付きのラジコンにも手を出し，大学4年次にはバギーカーを作り，花泉高校では物理部を創部し，飛行機に挑戦した．

　ラジコンとエンジンに強い思い入れがあり，大作に挑戦したくなった．特に作りたかったのは1/200スケールの戦艦大和で全長1.315mと巨大である．大学の卒業試験にパスした日に当時12,000円で購入し，はやる気持ちを抑えて赴任先の花泉に送った．

　このキットはラジコンで走り回るように作られた物ではなく，モーターでスクリューが回るだけで，ショーケースに入れて飾ることを目的にしていた．しかし，胴体が大きいので改造のし甲斐は十分にあった．まず船底内側中央部に設置されていた電池ボックスを糸鋸の刃を船底に沿わせて切り落とし，そのスペースにエンジン，燃料タンク，自作の消音マフラー，前進後退切り換え器，変速器などを組み込んだ．

　消音マフラーはエンジン音を押さえ込むことと，2サイクルエンジンの燃料に混合されている潤滑油を回収するために製作した．銅板を円筒形に丸め，中には何段階にも関所を設けて消音と潤滑油回収に努めた．さらにそこから排出される排気ガスを水中に吐き出させクリーンにして煙突から吐き出させた．

　前進後退切り換え器は戸車で，変速器はバルサ材で作った．これらは子供の頃，父が使っていたからくりの構造をモデルにした．

　図はニュートラルの位置での静止状態である．送信機チャンネル3の操縦桿を上にゆっくり倒すと，サーボーモーターがその角度と同じだけ右回転する．ロッドアジャスター棒が下方向に押し出され，切り換え器のベルトを上の正回転側に移し，スクリューが回転を始める．さらにスティックを倒すと大きな歯車を1/8に切ったものを押し，小さな歯車が大きく回転することにより，変速器のベルトを高速回転の方向に連続的に掛け替える．

　逆に操縦桿を下にゆっくり倒すと，サーボーモーターがその角度と同じだけ左回転する．ロッドアジャスター棒が上に引かれ，切り換え器のベルトを中央のニュートラルを通過して下の逆回転側に移す．歯車同士は逆回転する

第7章　花泉高校時代（4年間）

からスクリューが後退方向に回転を始める．さらにスティックを倒すと大きな歯車を 1/8 に切ったものを引き，小さな歯車が大きく回転することにより，変速器のベルトを高速回転の方向に掛け替えていく．

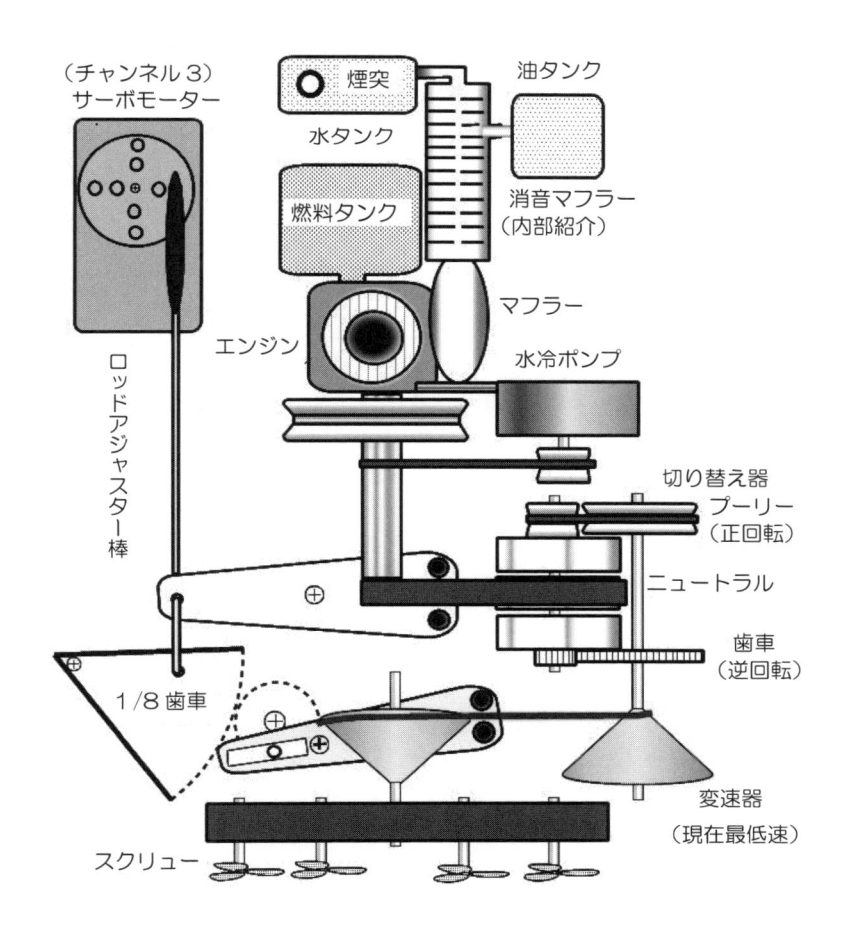

（チャンネル3）サーボモーター
煙突
油タンク
水タンク
燃料タンク
消音マフラー（内部紹介）
マフラー
エンジン
水冷ポンプ
ロッドアジャスター棒
切り替え器
プーリー（正回転）
ニュートラル
歯車（逆回転）
1/8歯車
変速器（現在最低速）
スクリュー

　製作にほぼ1年かかったが，翌年の春にはテスト航行までこぎつけた．エンジンをかけ，砂防ダムに浮かべた．

しかし，すぐに計画を見直さなくてはならないことになった．エンジンの出力は最小に絞っていたにもかかわらずパワフルで，方向舵を動かすとモーターボートのように船体を傾けて疾走するのである．どう見ても戦艦大和とは相容れない物であった．せっかく1年もかけたが，エンジンをあきらめ，モーターに切り換えることにした．その空いたスペースで多くの艦内の装置をモーターでコントロールすることにした．

　ラジコンのコントローラは5チャンネルで，内4チャンネルはプロポーショナルで送信器の操縦桿を倒した角度と同じだけ艦内のサーボモーターが回転する．残る1チャンネルはオン，オフ専用である．

　チャンネル3は速度変化を含めた前進後退，チャンネル4は方向舵に割り当てた．では残りで20個ものモーターや船内灯，サーチライト，スピーカー等々をどうやって制御するか．数ヶ月アイデアを書き留めては廃棄を続けた．

　そして，ついに「ひらめいた」．画期的な方法を思いついた．それは電話交換手のイメージである．

　今は自動化されたが，かつての電話は交換手が番号を見ながらプラグを差し込んでいた．差し込みパネルを円形にして回転椅子を中心に配置し，交換手を座らせる．回転角によって番号を選び，手でプラグを差したり抜いたりする．この差し込み口をスイッチに置き換えれば良いのだ．できた，できた．構想がまとまったら後は工作の腕次第である．

　交換手の回転椅子の回転角は，サーボモーターの回転角90度に限られるから，6Pトグルスイッチ11個を円筒の四半分の90度の範囲に等間隔に並べて固定する．6Pトグルスイッチとは次頁の図のように6個の端子が後ろから出ており，正面のつまみが水平でOFF，上下に倒すと，中央の端子と上や下

第7章　花泉高校時代（4年間）

の端子とが接続される．上に倒すとモーターを右回転，下に倒すと左回転するように配線する．

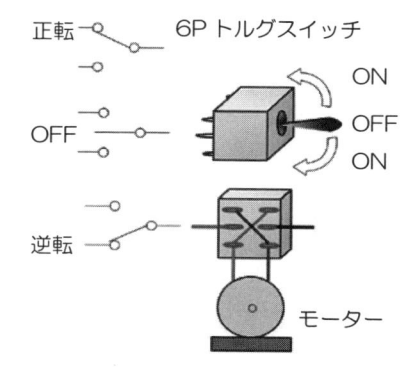

　交換手が11個並んだトグルスイッチから，椅子を回転させながら目的のスイッチを特定する動作を送信機チャンネル1に対応するサーボモーター①に割り当て，特定したスイッチのつまみを，上げたり，水平に戻したり，下げたりする動作をチャンネル2に対応したサーボモーター②に割り当てた．

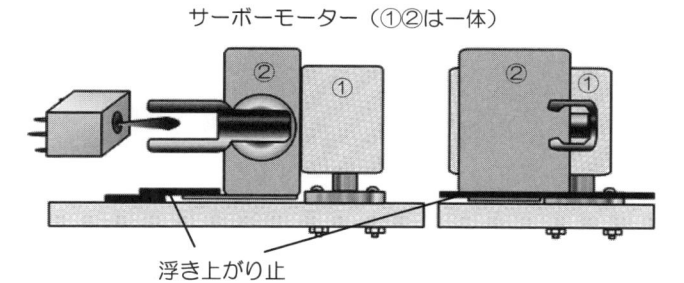

　即ち操縦桿の角度に合わせてサーボモーター①でスイッチを選び，サーボモーター②でつまみを上，水平，下に倒すのである．

　下の写真は船底で，右半分がそれらの装置である．写真の左上の部分は，

111

後に説明する前進後退とスピードコントローラ部で，その下がモーターである．

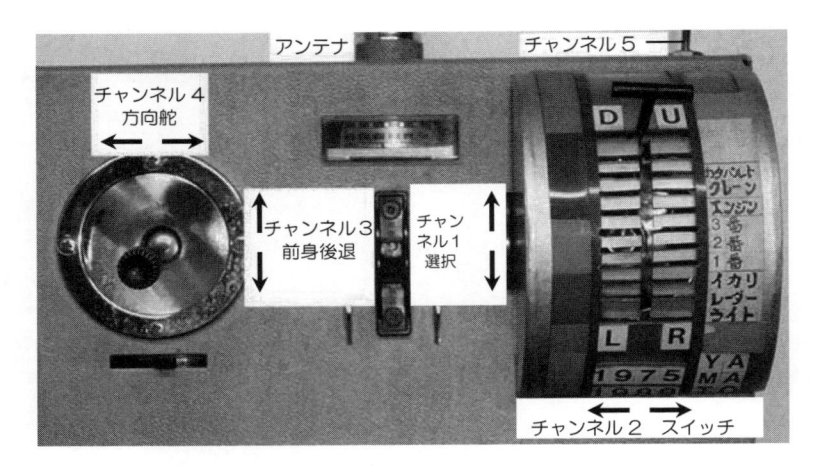

上の写真は送信機で，右側のチャンネル 1, 2 の送信パネルはアクリル板に右図のようにヤスリで縦と左右に櫛形に切り込みを入れた後，熱を加えて半円形に曲げる．写真では，操縦桿は最上位にあるが，右に倒すと上 (U) か右 (R) そして左に倒すと下 (D) か左 (L) の動きになる．選択肢は下から上に，

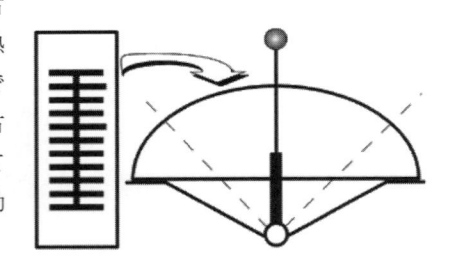

①ライト（室内灯のON・OFF）
②防空司令所（回転・止）
　チャンネル 5 の切り替えにより後部檣楼(しょうろう)の動きに切り替え
③碇(いかり)の巻き上げ・止・下ろし
④ 1 番砲台回転（右・止・左）チャンネル 5 により大砲（上・止・下）
⑤ 2 番砲台回転（右・止・左）チャンネル 5 により大砲（上・止・下）
⑥ 3 番砲台回転（右・止・左）チャンネル 5 により大砲（上・止・下）
⑦エンジン（発煙・止・空砲発射）…… 休止中

第7章　花泉高校時代（4年間）

⑧クレーン（右・止・左）チャンネル 5 によりフック（上・止・下）
⑨カタパルト上の偵察機プロペラ回転（右搭載機・止・左搭載機）
⑩信号灯（送信・停止）チャンネル 5 により機銃音（発生・停止）
⑪その他

右図は前進後退とスピードコントローラ部である．ガラス棒を熱して曲げ，それにニクロム線を巻く．

チャンネル 3 で動くサーボモーターでコントロールする．送信機の操縦桿が中央の位置で銅パイプが水平を向きスクリューは停止．操縦桿を上に倒すと角度に応じて銅パイプがニクロム線の上を滑り，メインモーターが回りスクリューが前進方向に回る．さらに倒すと銅パイプがさらに移動し抵抗が少なくなり，モーターの回転数が増す．下に倒すと極性が逆になり，スクリューが逆回転する．

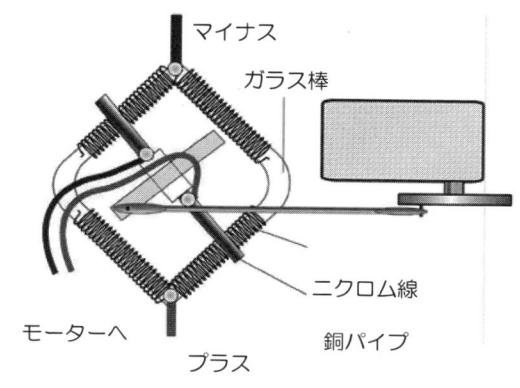

右の写真は碇の巻き上げ装置．碇はプラモデルの部品では軽すぎて下ろすことができないので，鉛で一回り大きく作った．

碇の巻き上げ装置であるスプロケットで鎖を巻き取るときも鎖が軽すぎて自重で穴に入っていかないため，内部に巻き取る必要がある．第 2 のモーターでスプリングベルトを滑らせながら緩やかな力で巻き取った．逆に送り出すときには第 2 のモーターを止めて鎖がゆるまないように工夫した．**轟音と共に碇が上がり巻き取られる鎖の動きは迫力満点である．**

右の写真は1番砲塔のカバーと内部で，モーターでクランク機構を動かし砲身を上下させる．砲身は空砲発射用に金属に変えている．

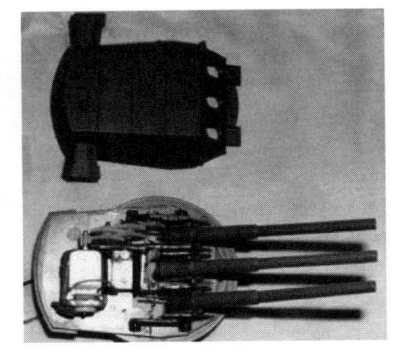

　砲台を回転させることは大変難しかった．回転軸があればその軸を中心に回転させることは簡単だが，天体ドームと同じで中央に大きな空間が空いている場合は，接触面積も大きくうまく回らない．はじめの挑戦はワイヤーで引いたが，引くことに伴う摩擦力が大きくなり滑らかな回転にはならなかった．

　次の試みは市販の直径10cmほどの大型の金属歯車の中をくりぬいて使ったが，中心合わせが難しく，歯数が多く歯が小さいため，かみ合わせがきつかったり，歯がかみ合わなかったりしてうまく回らず，行き詰まった．

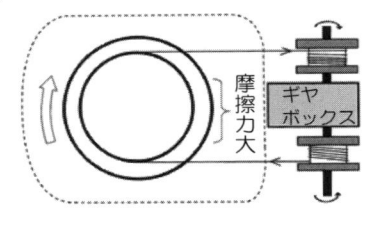

　あるとき，水車のピン歯車を見てこれだと思った．ピン歯車は歯数が少なく大きいのが特徴で，ピンとの間の遊びが大きく，低速回転には大変有効であった．

　砲台の下にはアクリル板を削って作った大きな歯車を付け，ピンで回転させたところ実に滑らかに回転した．

　次頁の写真の①は防空司令所で②は後部檣楼(しょうろう)である．サーチライト③は中をくりぬき麦球を入れて，点滅信号を送る．

　その下の写真はクレーンとカタパルト上の偵察機である．

　クレーンは左右に回転し，フックで偵察機や荷物を引き上げる．

　偵察機のプロペラを回転させることにも挑戦した．箸ほどの胴体の中にコイルだけを入れて，磁石は翼の部分に入れようとしたが，あまりにスペースが小さすぎて断念し，細いビニールパイプ内にギター弦を入れてプロペラと

第7章　花泉高校時代（4年間）

結び，小型モーターで弦を回す方式にした．断念は残念だったが，その後，次に示すクリップモーターの改訂教材「縦型強力モーター」として結実した．

　改造を重ね6年の歳月約4000時間を費やしやっと完成を見た．20個ほどのモーターをラジコンで操り，大砲の上下旋回はもちろん，碇を巻き上げたり，艦載機のプロペラが回ったり，クレーンで荷物を引き上げて旋回するな

ど，おおよそ子供の頃に描いた夢を叶えることができて大満足だった．（花巻北高校に転勤し，当初は新しい環境に対応するため時間が取れなかったが，けりを付けようと一気に仕上げた）

ショーケースも作った．本体が 1.315m あるので 1.54m，0.73m，0.40m のアルミフレームにガラスを貼り合わせて巨大ケースを作り，完成した戦艦大和を格納した．一段と見栄えがした．

ただ，完成したのはよいが転勤族なので転居のことも考えなくてはならない．運送屋には大変嫌われる物件で，どこでも引き受けてはくれない．

そこで，戦艦大和用格納倉庫として安い家を建てることにした．床の間の隣，神棚の下に大和は 30 年近く鎮座している．

完成から随分経って，戦艦大和が建造された広島県の呉市にある「大和ミュージアム」を訪ねた．大和を始め多くの立派な木製の模型が展示されており，その大きさと精巧さに圧倒された．説明してくださった方と大和について何時間も熱く語り合ったことが思い出される．

（5）縦型強力モーターの開発――クリップモーターの改訂版

大和製作時に超小型モーターの開発を手がけ，クリップモーターに出会った．これは，小学校の教科書にも載り，手作りモーターとしては画期的なモーターだが，いくつかの欠点もある．

最大の欠点は軸を水平にして回るため，回転軸に摩擦力が大きく働くだけではなく，コイルのバランスが難しく，回転軸がコイルの重心とずれると鉄棒の逆上がり状態になり，回転しにくくなる．また，整流子のエナメル線の被覆を半面剥がす場所とコイルの面との角度も理屈がわからない小学生には難しい．

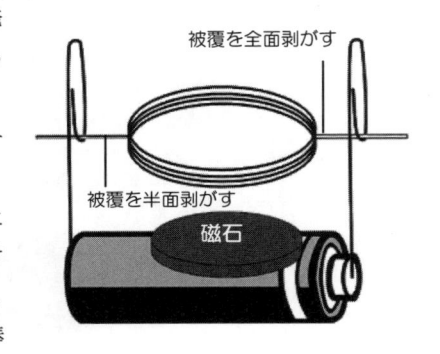

そこで，次のように改良し，縦型強力モーターを開発した．発想は縦の物を横にしないというものぐさの反対を行ったもので，横回転を縦回転にして，逆上がりから解放し，バレーのスピン回転にしたのである．（ちなみに私は

第7章 花泉高校時代（4年間）

逆上がりもスピン回転も出来ない）

　下図のようにフィルムケースの中にコイルを入れ，回転に重力の影響を受けない縦型にした．重心の位置が回転軸とずれていても良いのでよく回る．

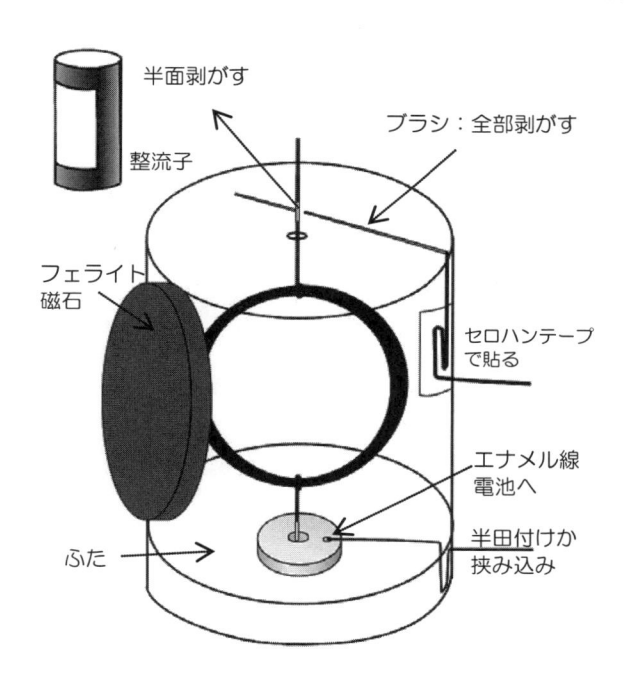

（図：フィルムケースを用いた縦型モーター．整流子（半面剥がす），ブラシ：全部剥がす，フェライト磁石，セロハンテープで貼る，エナメル線 電池へ，半田付けか挟み込み，ふた）

　整流子はエナメル線の一方を半面だけ剥がせば良い．剥がす位置はどこでもよく磁石を貼る位置で調節する．ブラシは細いエナメル線で作り，適度に整流子（回転軸）を軽く押すだけなので摩擦力が激減した．ブラシを整流子の反対側から接触させると逆回転させることができる．

　整流子と反対側の軸はエナメルを剥がして尖らせ，画鋲の穴にコイルの自重で接触させる．点の接触なので摩擦力は激減した．

　フェライト磁石は1個でも十分回るが，2個向かい合わせることにより磁力を強くできる．一方のフェライト磁石を反対向きにすると，逆向きの力が働き，打ち消し合って止まる実験もできる．また，フェライト磁石は両面テープで張るだけなので，NSを入れかえて逆回転させることも簡単にできる．直径2cmのフェライト磁石を2個向かい合わせると，0.3Vでも回転した．

下の軸受は，画鋲の針を取ったものをふたのへこんだ部分に両面テープで貼る．画鋲とエナメル線は前もって半田付けするのが望ましいが両面テープとの間に挟み込んでも良い．上の軸受穴は細いドリルで空けるか針を熱して空ける．（1989年全日本教職員発明展特賞）

＜縦型強力モーターの特徴＞
・重力・摩擦力の影響を受けにくいので力が強く高速回転する．
・磁石の位置を自由に変えられ，回る仕組みが理解しやすい．
・コンパクトに作れ，持ち運び，保存に便利．

【縦型モーターが回転する仕組み】

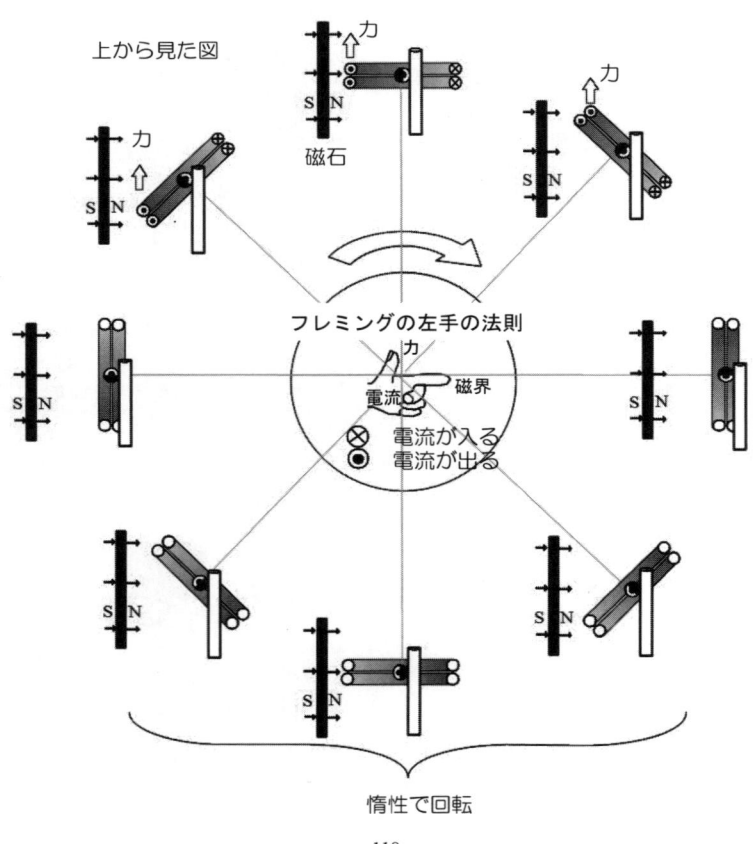

上から見た図

磁石

フレミングの左手の法則

力
電流　磁界

⊗ 電流が入る
⦿ 電流が出る

惰性で回転

（6）3年目，仮装行列，源平合戦絵巻

着任3年目になり花泉高校は創立三十周年記念の年を迎えた．草創期に行われていたという仮装行列を復元して町内を練り歩くことになった．チャンス到来．私は3年生の副担任であったが，正担任の了解をもらって3年C組の仮装に着手した．クラスの中に公務員志望者が多かったが，当時の私は公務員試験がいつかわからず，試験前日の深夜まで製作に没頭してしまった．幸いなことに，結果は多くの合格者が出て助かった．

テーマは私の好きな源平合戦で，配役は女子生徒の発案で女子は落人と流人．男子は役付になった．私は木曽義仲役で，兜と鎧は八幡太郎義家のものをモデルにベニヤ板と段ボールでかなり忠実に再現した．

平家方は安徳天皇，母徳子，清盛，琵琶法師，船雑兵等．源氏方は，義経，弁慶，那須与一等で大いに盛り上がり，当時は3分あたり現像代も含めると3千円もした8mmフィルムで撮影し，十数分の作品に仕上げ，今DVDに焼いて当時の生徒にあげている．

（7）4年目で初めての担任

やっと待望の担任が持てた．商業科1年生で入学式の呼名は緊張したが，生徒も緊張し目を輝かせていた．やっと教師になれたように思えた．商業科は物理の履修がないので，このクラスには数学を教えることになった．商業科は女子が多く，2クラスの内1クラスは女子クラスであったが，私の受け持ちは男女半々の混合クラスだった．とにかく日々充実していた．学校に行くのが楽しくて仕方がなかった．

担任になっての楽しみは，クラス経営を任されることで，学校，学年団の教育方針を共有することは当然だが，クラス独自の取り組みもでき子供達と共に喜ぶことができることである．

新年度早々にチャンス到来．クラス対抗運動会があった．全校で15チームあったが1年生が勝てるわけがない．だがその中で，入場行進の部があり，ここだけに絞って優勝を目指した．旗は厚手の深紅のネルの生地に黄色のふさを付け，全国高等学校野球選手権大会の優勝旗そっくりに作った．それだけでは不十分だ．長い竹竿にくす玉をぶら下げ，中には「祝運動会 1D」の垂れ幕を仕込んだ．まだ，不十分だ．くす玉を吊す竿先の部分に落下傘花火

を括り付け，バッテリーで点火することにした．

　本番では見事に決まったが，壇上で謁見していた教頭先生の間近で轟音と共に落下傘花火が発射され，驚いて転げ落ちそうになり，物議を醸した．映像を見るたび事前に知らせずに申し訳なかったと反省している．結局優勝し，この縁で高校総合体育大会の入場行進にも選ばれ，クラスは大いに活気づいた．

　夏休みにはクラスでキャンプに行ったり，各種行事を 8mm フィルムで記録した．映像では若い彼らも今は四十代になった．

（8）4年で転勤

　4年目で初めての担任になり，充実の日々を送っていたが，突然校長室に呼ばれ，転勤を命じられた．驚き落胆した．受け持った子供達の卒業を見届けるまであと 2 年間だけはいたかった．

　校長先生からは，快適な環境に浸かっていてはだめだ．若いうちにさまざまな学校を経験し，成長せよとのお言葉をいただいた．また，校長として学校経営上，残したいと思う職員こそ出してやり，新しい職員を育てることが大切だともいわれた．

　そのときはよくわからなかったが，今になってその通りだと思う．完成した他球団の主力選手をかき集め勝った勝ったと喜び，他球団の窮乏をよしとするのではなく，公明正大なシステムで入団させた自軍の若手を育て，しかるべき時期に交換トレードで新しい刺激的な環境を与え，両者共に成長するシステムが人事異動であると，私にもわかる年になった．

　その後，幾度となく転勤し，教育行政にも関わったが，このときの教訓から，自分の人事に関しては全く関心を持たなくなった．大所高所からしかるべき方が県全体を考えての配置であると思い，与えられた部署で精一杯，喜んで仕事をすることにした．

　後に，ストレスで体重が激減したり蕁麻疹（じんましん）に悩まされたりもしたが，振り返れば良い思い出である．県職員として県の方針によって異動することは当然であり，県に召されたと思うことにした．あのころに戻りたいという時期はなく，よく生き延びたとの思いのほうが強い．人生の終焉に向けてただ着実に進むだけである．

第7章　花泉高校時代（4年間）

　転勤先の花巻北高校は進学の盛んな高校と聞いたが，小規模校出身の私にとっては，花泉高校は性に合っていた．

　大急ぎで引っ越しの準備をした．8割ほどできた戦艦大和と工具類など，4年間で随分荷物は増えていた．また，教員住宅の庭に50cm×100cmほどの穴を掘りコンクリートを流し込んでひょうたん池をこしらえて，錦鯉を飼っていたのでその引っ越しも大仕事で水槽を2個買って入れることにした．

　週末にはクラスの生徒，土曜日の午後には成人となった卒業生が手伝いに来てくれた．しかし，夕刻になると折角の梱包をほどいて送別会になる．石油ストーブに乗せた鍋で酒を沸かし，お玉ですくって茶碗で飲んだ．昔話に花が咲いた．

　3月末，出発の朝になった．卒業生と職員が手伝ってくれて荷物を積み込みはじめたところ，次々とタクシーが止まり，クラスの子供達や卒業生が降りてきた．数km離れた花泉駅に列車到着後4人ずつタクシーに乗って来たのである．見る見る人が増え百人を超えた．タクシー到着の終了を待って，皆に感謝を述べ握手をし，4年間の思い出が一杯詰まった初任地花泉を後にした．教え子達は泣いてくれ，私も泣いた．

　到着した花巻北高校の教員住宅も新築で，まだ砂利が入らないぬかるみの中，玄関前についた．出迎えはなく，念のためにと卒業生が車2台でついて来てくれ，荷下ろしを手伝ってくれたのは助かった．花泉の子供達との交流はその後も続いている．

第8章　花巻北高校時代（9年間）

　結果として9年間もお世話になり，永住の地となった花巻ではあるが，スタートはいつものことながら波乱に満ちていた．3月末，花巻北高校に事前打ち合わせの訪問をした時，教頭先生から物理ではなく化学の担当になるかもしれないと告げられ，「物理と伺って参りましたが，化学は自信がありませんので，この話はなかったことにしてください」と正直にいってしまった．

　結果として，物理の担当にしていただいたが，当然のことながら理科のスタッフの中でも気まずいことになってしまったし，推薦いただいた花泉高校の校長先生には多大のご迷惑がかかったことと反省している．

（1）ばんからさんが通る

　着任して驚いたことは，生徒の服装である．現在は女子生徒も多くなり随分変わったが，男子生徒は裸足に高下駄，腰に校章の入ったエンジ色の手ぬぐいを下げ，ぼろぼろの学ランに破帽．そんな800人もの集団が新職員紹介で体育館の壇上に上がった我々の眼下に控えいた．破帽を深々とかぶり裸足の足を大きく開きじっと下を向いて構えている．最年少の私から挨拶を始めたが，すぐにオーと各方面から関の声が上がり，素足で体育館の床を踏みならす音が響き渡った．マイクで拡声しようが自分の声すら聞き取れない状況であった．実にたまげた．

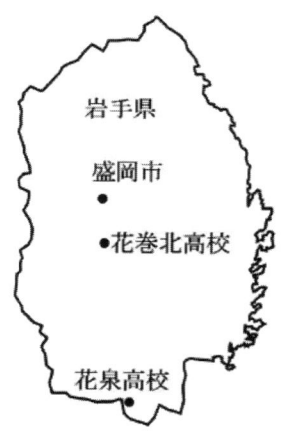

第8章 花巻北高校時代（9年間）

　そして，最後は陸軍大将かと思うほど五厘刈りで貫禄のある団長が応援旗を携え，ひたひたと音を立てて正面に進む．足の裏が吸盤になっているのかと思えるほど，吸盤を引き剥がすような音が静寂の体育館に響いた．「こ〜か〜せ〜しょう．巌鷲山（岩手山）は峨々として〜セイ」団長に続いて凄まじ声量で校歌が体育館にこだました．このような若者がまだ日本にいたのかと思った．まさにタイムスリップである．

　応援団長は応援団幹部 8 名ほどの中から選ばれるが，生徒会長より威厳があり，尊敬されていた．新入りの団員にとって応援歌練習は試練の場で，昼休みから放課後へと続く．歌詞を覚えてこないと目をつむり中腰の姿勢で待機させられる．歌詞がまた漢詩で難しい．応援団幹部の竹刀で床を激しく打ち付ける音に耐えながら中学生が高校生へと脱皮し，やがて，高校総合体育大会，夏の高校野球へと応援団員としての活躍の場が展開されてゆく．

　団長は野球応援の時は袴姿で最初の校歌と最後の相手校とのエール交換以外，2 時間以上は腕組み直立不動である．他の応援団幹部の激しい旗振りと応援踊りの動に対する静．18 歳の若者とは思えないほど大人に見えた．

　野球応援はかつて甲子園に出場経験がある高校でもあり，熱狂的だった．父親がこの学校の野球部員であったという美人姉妹は突然のスコールにも全く動じず，ずぶ濡れで校歌を歌い続けるなど，女子学生もすこぶる素直で逞しかった．

　応援団幹部を中心とした有志は，野球の県大会会場である盛岡の県営球場まで高下駄に血をにじませながら 40km の夜間行軍を行った．ある年の応援団の中には東北大会会場の仙台まで行軍した強者もいた．野球好きの私は甲子園での彼らの活躍を夢に見ていた．

　そんな彼らにとっても弱みはあった．その 1 つは子供達である．大会の開催地までの電車の中は瞑想にふけり，精神統一し無言で駅から会場に向かう

が，その道中で下校時の小学生の悪童集団の餌食になる．からんころんのリズミカルな音に引き寄せられ集まってくる．はじめはひそひそと笑い合っているうちに，1人が後ろからそっと近づき破れた学ランの一部を引っ張り引きちぎるのである．全く無反応で進むため，味を占めて次々に襲いかかる．まるでハイエナである．

2つめは，京都への修学旅行である．両側のおみやげ屋の中を颯爽と進む一団はさながら京の治安を守る新撰組のようであり，東映映画村のロケのようでもある．味見の菓子を勧めるお嬢さんが唖然とし，店奥に駆け込む．程なく主人がカメラを持って「懐かしいな，まだいたんだ」などと叫びながら追いかけてくるのである．この時ばかりは歩を進める速度が増したように思えた．

バスが遅れて閉まってしまった薄暮に包まれた神社に向かって「エールよーい」と旗を振り，あらん限りの声を張り上げてエールを送る集団はかなり目立った．これが本当のジンジャエールか．私は「ビールよーい」の方が好きだが．

応援団は好きで，担任をした生徒の中に副団長がいて後に高校教師になった．この生徒の仲人を引き受けた．年賀状には家族が増えたとの文面と子供の写真．翌年もその次も同様で，今は5人の子に囲まれているとのこと．少子化の中，一馬力エンジンで自分自身の職場を守る姿に「エールよーい．がんばれ〜がんばれ〜」とエールを送る．

着任すぐに担任した生徒の中に，応援団を題材にした放送番組を作成し，全国で表彰された生徒がいた．そのタイトルは当時はやった「はいからさんが通る」にかけた「ばんからさんが通る」である．彼はその後，特技を生かして地元放送局のアナウンサーとして活躍し，その後，教育担当記者になり取材を受けることもあった．真実を伝えようと足を使ってとことん取材する姿にエールを送りたい．

修学旅行で印象に残っているのは，何度目かの修学旅行で，食中毒かどうかは判明しなかったが，集団で発熱おう吐が起こった．私は生徒を背負って宿と病院を往復した．夜が明け，慎重に協議した結果，元気な者だけで計画通り薬師寺を訪れることになった．お坊さんが名調子で「皆さんは違いますけど，先日の修学旅行生は皆パンチパーマで闊歩し，まるで大仏様の行列の

ようで思わず合掌してしまいました．薬師寺は名前の通り病を治す寺でありまして……」その時，女子学生の叫び声：「せんせー〇〇さんが倒れました」「こっちもです」……ばたばたとつづいた．お坊さんにとってもこんな経験は初めてのことで，言葉を失っていた．合掌．

（2）2年B組新米先生

　教師になって5年目ではあったが，新任校の状況もよくわからないまま着任すると2年B組の担任になっていた．授業はどのクラスも乗りの良い集団で特には困らなかったが，クラス経営には苦戦した．朝のホームルームで諸連絡をしている最中にちらほらとひっきりなしに教室に入ってくるのである．いくら注意しても全く直らない．しつこく注意すると義務教育のような担任だなどと陰口をいわれるしまつ．学年長からも遅刻の多さを叱責されたが，初任の時のように支援してもらえる年ではなかった．

　また，教科についても実験をやりすぎる．進学には実験より演習が大切だとの助言をいただいたが，実験は理科の命という信念は貫いた．もちろん，大学受験の問題も解き始めた．

　大作の教材開発はまだだが，爆笑ネタは炸裂し夏場に隣のクラスからは授業しづらいとの苦情が出た．確かに大爆笑で隣の授業妨害になったであろうから，これを機に全ての授業を実験室で行うことにした．私も生徒達も，物理を大いに楽しんだ．しかしこれがまた難題を巻き起こした．

　年度末に来年度の理科の選択科目調査があった．結果は文系クラス希望者のうち50名以上が物理の選択を希望し，調整後でも47名となった．しかも，東北大学の文系学部志望者全員が物理を選択した．

　早速，呼ばれ，面白い授業で生徒を集め，生徒の進路に責任が持てるのかというような意味の説諭をいただいた．そんな時「先生，俺たち文系の人間は暗記科目は得意だけど，発想が要求される物理で挑戦してみたいのしゃ」との生徒の言葉は金言だった．

　2月，担任と校務分掌を決める季節がやってきた．クラス経営は改善されず，厳しい査定は覚悟していた．校長室に呼ばれ，教頭先生から提示された案は，担任降板，文系難民を多数抱えた物理の授業に邁進せよとのことであった．今思うと当然の学校経営方針と思う．しかし，その時はわかりました

とはいえない思いがあった．クラス経営のまずさは重々承知しており心からお詫びする．しかし，赴任の時に慣れてからと思い，希望しなかった担任を仰せつかり，1年で降板となれば生徒の信頼を失い，物理の教科指導においても展望が見いだせない．なにとぞ来年は全員が物理選択の男組（男子クラス）を持たせて欲しい．また，校務分掌も進路課で勉強したい．田舎育ちで大学名も北海道しかよくわからないので，なにとぞ，と何度も懇願した．

　退室を促されても粘った．崖っぷちである．教師としての分岐点はここだ，今がその時と思っていたし，今思い返してもこの瞬間であった．

　後日，呼ばれた時には男組ではなかったが3年B組の正担任の欄に名前があった．副担任の欄には，前回正担任の欄に名前があり後に大校長として活躍されるベテランの先生の名前があった．その先生に深々と頭を下げた．先生は笑って励ましてくれた．

（3）3年B組金八先生

　後に岩手にも非行が蔓延したのはあの番組の影響だという方もおられるが，まさにテレビ学園ドラマは金八先生一色であった．私もよく見ていた．学校にも慣れ，子供達と運動会の応援用の大きなマスコットを深夜まで作ったりして，やっと軌道に乗ってきた．

　クラス経営もメンバーが替わり，3年生ということもあってか遅刻も特に多くはなく，昨年のことが嘘のように展開していった．この子供達とは10歳違いなので，クラス会ですぐに年をいえる．その後も物理を2年生，3年生と繰り返し担当したこともあり，その後に担任した子供達は皆男組だが12，14，16歳違いである．

（4）物理の授業

　あとは物理の成果がどうかである．相変わらず実験三昧で，演習は問題集を買わせたが授業で解説することはなかった．

　ただ工夫した点は毎時間自作プリントで授業をしたことである．理由は教科書は図解が少なく，実験をしないで式変形だけで現象を説明し生徒の興

第8章　花巻北高校時代（9年間）

味・関心を引かないことと，教科書で予習をすると答えがわかり，つまらなくなるからである．

しかし，教科書は買わなくてはならないので挿絵が多く入った易しい，式の少ないものを選んだ．諸先輩方は不安一杯であったと思うが，教務主任の先生には理解していただき支持していただいた．勇気百倍であった．

プリント学習の功罪はあるが，次のように授業で活用した．実験を沢山やるが，そのセットの様子や図表，グラフなどをノートに書き込むのでは時間が足りない．それらを既に書き込んであるプリントは有効で，浮いた時間の使い道は，実験の条件を基に

　①考えて自分の予想を立てる
　②自己主張し討論する
　③実験で白黒をつける（予想通りの結果が出れば，狂喜乱舞，外れた者は悔しがり反論実験を提案するなど盛り上がる）
　④結果を整理し，法則化する
　⑤日常現象へ応用する

このパターンに徹した．生徒は大いに喜んでくれ，早々に実験室に集まるようになった．ただ，これが大学受験に結びつくのかとの声も少なからず聞こえた．迫りくる模擬試験を待った．そして連日神頼み「なにとぞ，結果が良いように」と．今思うと演習もせず，問題集の点検もせずになんと虫のいいことかと思う．

しかし，生徒の頑張りは凄まじく，私の予想を遙かに超えた好成績をもたらしてくれた．迷える難民と揶揄された文系も含めた大部隊がである．一息ついた．実験を封印しなくても良くなった喜びは計り知れなかった．その後，演習にも真面目に取り組み，図解を取り入れ，解答と異なる解法を示すなど，楽しみながら取り組んだ．

<問題>

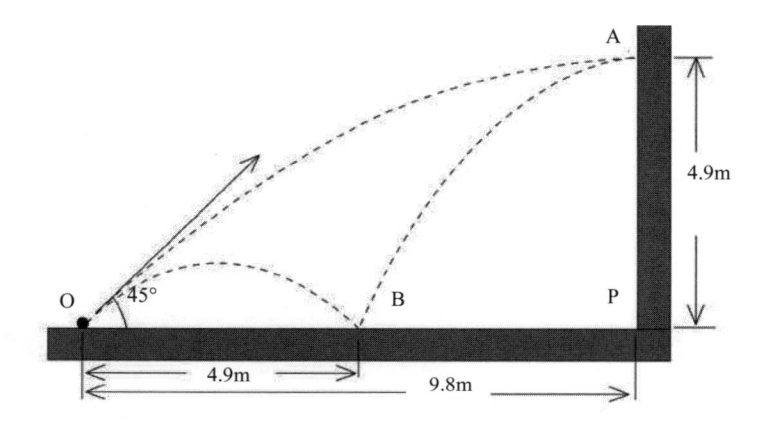

 図のように，質量 1.0kg の小球をO点から仰角45°で打ち出したところを前方の鉛直な壁の A 点に垂直に衝突した後，跳ね返って B 点に衝突した．その後再び跳ね返ってO点に衝突し，その後も放物運動を繰り返した．

 小球を投げだした時刻を $t=0$s, 重力加速度を 9.8m/s^2, 壁と床は滑らかで，小球と壁とのはねかえり係数を e_1，小球と床とのはねかえり係数を e_2 とし，次の問いに答えなさい．

① 小球が床のO点から運動を始め，壁の A 点に衝突するまでの時間を求めよ．

② 小球が壁の A 点からはねかえり，床の B 点に衝突するまでの時間を求めよ．

③ 小球が A 点に衝突する直前の速さを求めよ．

④ 小球と壁とのはねかえり係数 e_1 を求めよ．

⑤ B 点からO点までの斜方投射における最高点の高さを求めよ．

⑥ 小球と床とのはねかえり係数 e_2 を求めよ．

⑦ 衝突を繰り返すたびに力学的エネルギーを失うが，最終的に残る力学的エネルギーを求めよ．ただし，重力による位置エネルギーの基準を床面とする．

第8章　花巻北高校時代 (9年間)

【解説】
　初速度が与えられていないため大変面食らう．しかし，日常的には打球の初速度はわからず，角度と飛距離がわかっている方が自然である．初速度にこだわると①の解答は次のように大変面倒なものになる．
　初速度を v_0 とすると y 方向の関係式は

$$0 = (v_0/\sqrt{2}) - 9.8\,t \quad \rightarrow \quad v_0 = 9.8\sqrt{2}\,t$$

x 方向の関係式は

$$9.8 = (v_0/\sqrt{2}) \times t$$

v_0 を代入して

$$9.8 = \frac{9.8\sqrt{2}\,t}{\sqrt{2}} \times t \qquad より \qquad t = 1.0(\mathrm{s})$$

【別解】
①壁の A 点に垂直に衝突していることから A 点は最高点である．O から壁の A 点までの時間と，壁がなくて A 点からそのまま水平投射で地面につくまでの時間は等しく，また，A から P までの自由落下時間と同じである．

$$S = v_0 t + \frac{1}{2} a\,t^2$$

より

$$4.9 = \frac{1}{2} \times 9.8 \times t^2 \qquad t = 1.0\,(\mathrm{s})$$

②衝突後の運動も水平投射だから①と同じで，$t = 1.0\,(\mathrm{s})$
③水平方向に 1.0(s) 間に 9.8m 進んだから，$v_x = 9.8(\mathrm{m/s})$ となる．

【さらに別解】

「バースの飛距離」の式

$$L = \frac{v_0^2 \sin 2\theta}{g}$$

に代入して

$$19.6 = \frac{v_0^2 \sin 90°}{9.8}$$

となり

$$v_0 = 9.8\sqrt{2} \qquad v_x = 9.8 \text{(m/s)}$$

この v_0 がわかると①では

$$t = 9.8\sqrt{2}/v_0$$

で求めることができて大変スピーディーに解ける.

「忠雄の定理」と「バースの飛距離」の式を知っていると「鬼に金棒，バースに金属バット」である.

④はねかえりの係数は

$$e_1 = \frac{\text{遠ざかる速度}}{\text{近づく速度}}$$

$$e_1 = \frac{4.9 \text{m}/1.0 \text{s}}{9.8 \text{m}/1.0 \text{s}} = 0.50$$

⑤水平方向の速さは 4.9m/s であるから B 点から O 点までの斜方投射における時間は 1.0s である．最高点から O までの時間は 0.50s で，最高点の高さはこの時間で自由落下する距離に等しいから

$$h = \frac{1}{2} \times 9.8 \times (0.50)^2 = 1.225 \fallingdotseq 1.2 \text{(m)}$$

⑥小球と床とのはねかえり係数 e_2 は

$$e_2 = \sqrt{h'/h} = \sqrt{1.225/4.9} = 0.50$$

⑦衝突を繰り返すたびに y 方向の跳ね上がる高さは 1/4 になり，最終的に水平方向の等速度運動だけになる．最終的に残る力学的エネルギーはこの運動エネルギーになる．

$$E = \frac{1}{2} \times 1.0 \times (4.9)^2 = 12.25 \qquad 答\quad 12\,(\text{J})$$

（5）物理の公式

物理の公式を沢山暗記して試験に備える生徒が毎年いる．しかし，公式の成り立ちがわからないと何の意味もない．授業では公式は最小限に抑え，意味を説明した．力学分野では 3 つの公式を中心に教えた．

初速度 v_0，加速度 a，時間 t，t 秒後の速さ v，運動距離 S の間の関係式は，等加速度運動の公式で，上図を使って導き出す．

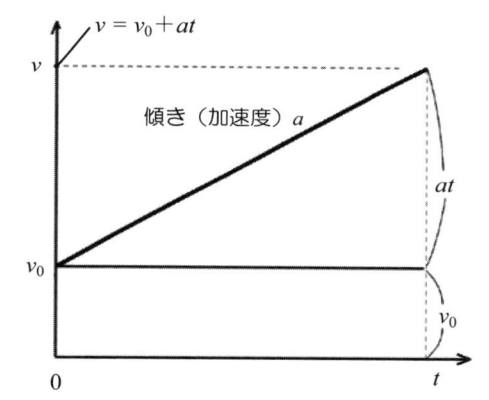

① $v = v_0 + a\,t$ ・・・・・ 図から当然

② $S = v_0 t + \dfrac{1}{2} a\,t^2$ ・・・・ 図の面積を求める

③ $v^2 - v_0^2 = 2aS$ ・・・・ ①と②から t を消去する

この 3 つの式だけはしっかり教える．数十年後に教え子とクラス会であっても②番の式というと口をついて出るほどである．

重力場での運動では a を重力加速度 g に置き換えればよく，新たな公式を覚えることは全く無用である．

この 3 つの式と運動方程式 $F = ma$（F は力，m は質量）を組み合わせると，力学に関する公式がさらに作られる．

①×m で

$$mv = mv_0 + ma\,t$$
$$mv - mv_0 = F\,t \quad (運動量の変化は加えた力積に等しい)$$

③×$\frac{1}{2}m$ で

$$\frac{1}{2}mv^2 - \frac{1}{2}mv_0^2 = \frac{1}{2}m2aS \rightarrow$$

$$\frac{1}{2}mv^2 - \frac{1}{2}mv_0^2 = FS \quad (運動エネルギーの変化は加えた仕事に等しい)$$

その他，ゴロ合わせで覚える楽しい公式等を紹介すると

（ア）$F = BI\ell\sin\theta$ ……磁束密度Bと角度θをなす導線に電流Iを流す時，導線の長さℓに働く力F（フレミングの力）の大きさの公式
「力を出した後は，ビールがうまい，銘柄はサントリーでし一た」
この授業を教員経験5年の理科の先生方に公開したことがあった．
「フレミングの力は？」「はい，$F = BI\ell\sin\theta$」「正解」「覚え方は」「……先生，いっていいんですか」「いいとも」「力を出した後は，ビールがうまい……」と大合唱．「師を気遣う生徒の姿が良かった」，後に教育長になられた指導主事の授業反省会での講評である．

（イ）$\Phi = BS$ ……磁束Φは磁束密度Bと面積Sの積である
「パラボラアンテナはBS放送だ」当時はパラボラはBSのみ．

（ウ）$e/m = 1.758 \times 10^{11}$ (C/kg) ……比電荷の覚え方
「虫の妃殿下はいなごや10月の空にぴょんぴょん跳ねる」

（6）物理実験とレポート

生徒に聞いてみると小学校，中学校の教科書は実験をしながら進むように書かれているが，実際には実験はほとんどなされず，結果を知らされているとのことであった．そのためか，高校生になって実験には大変興味を持つようだ．しかし，結果をレポートにまとめるとなると経験が少なく，面倒くさがる．

第8章　花巻北高校時代（9年間）

　また，高校では，教科書に沿って授業を進めると，結論が示されてから実験で確認するスタイルになっている．これでは興味が持てない．例えば，重力加速度を求める実験でもいかに理論値に近づけるかに終始する．これでは実験の醍醐味がない．

　そこで，実験の内容をフィギュアスケートを参考に規定問題と自由演技の2部構成にした．（運動量保存の法則の例を示す）

　①規定問題：決められた実験の方法で，全員が取り組む．（静止している力学台車に同質量の台車を衝突させて，速さがどうなるか．結果から運動量についてどのようなことがいえるか考察する）

　②自由演技：好きなメンバーで好きなだけさまざまな関連実験を行う．（質量を変える，爆発させる，跳ね返りの様子を変える，二重衝突など）

　①については実験の方法をマスターし，法則を見つけ出すことを主眼にグラフ，考察，まとめ等で評価し7点満点．

　②はもっといろいろ実験して調べたいという欲求に応えるもので，昼休みや放課後に野球部チームなどが押しかけてくる．そして思う存分楽しむ．私も極力その時間帯は出向いて相談相手になる．評価は1実験1～3点で誰も思いつかなかったような斬新な発想の実験には高得点が与えられ，①と併せて最大15点ほどになる．また，お楽しみとして実験レポートを飾る表紙コンテストもあり

133

素晴らしい作品には得点が与えられ，何年も展示され賞賛を受ける．作品の一部を示す．

（7）物理の評価

　学年ごとに分けて物理の授業を担当していたこともあり，評価についても自由度があったことを生かして，生徒にやる気が出るような評価法を編み出した．

　右のグラフの実線は生徒個々の実力の値を試験によりそのまま数値に表すことを示し，理想的な評価法である．

　しかし，実際には点線のようになりがちで，0～10の力までは評価点0で80以上の力で飽和して評価点100点となり，力を正しく評価しているとはいえない．

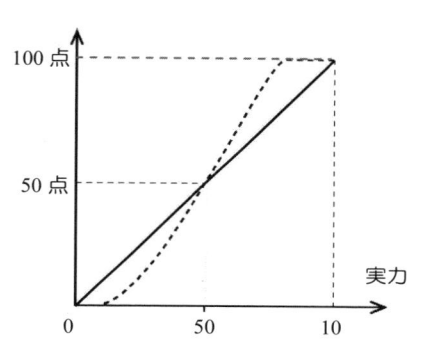

　右のグラフの実線は正規分布と呼ばれ理想的な得点分布といわれている．しかし，物理の試験は棒グラフのようになりがちで，0点も数名出て10～40点の人数がかなり目立つ，一方90点以上，満点の生徒もいて，0点から100点まで実に幅広い分布となる．

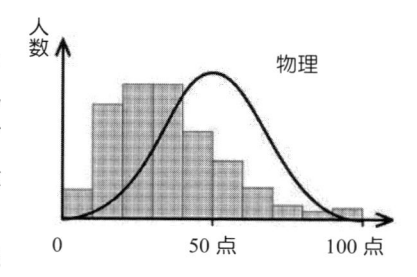

　40点以下の場合には赤点となり，1年間改善されないと進級できないという，厳しい状況だった．（現在は緩和されている）

　だからといって，物理の用語を空欄に埋めるような問題を出題すると得点分布は改善されるが，物理の力を評価しているとはいえない．

　そこで，編み出した評価法は次の式によるものである．テストの得点をルートで開き，その値を10倍し，レポート点を加えるというものである．

$$\underset{\text{評価点}}{X} = 10\sqrt{\underset{\text{テスト点}}{x}} + \underset{\text{レポート点}}{\alpha}$$

　例えば，0点であったものは，0点でレポート点のみ．16点では，ルート16は4点，10倍して40点にレポート点を加えたものになり，生徒はまずこ

れを目指す．

　テストを返され 16 点を超えるとガッツポーズで席に戻る光景も私の物理ならではであろう．

　高得点者はどうだろう．100 点でもルート 100 は 10 点，10 倍した 100 点にレポート点を加えたものになる．

　レポートを加えた X は最大 115 点ほどになるが，成績表には $\chi = 100$ 点の時だけ 100 点，χ が 90 点台の時は 99 点，80 点台の時は 98 点とし，余った点は次回に持ち越して，使い切れなかった時には弟妹に残せるというシステムである．しかし，実際には弟妹で活用した事例は全くなく，物理の得意不得意は遺伝することがわかった．

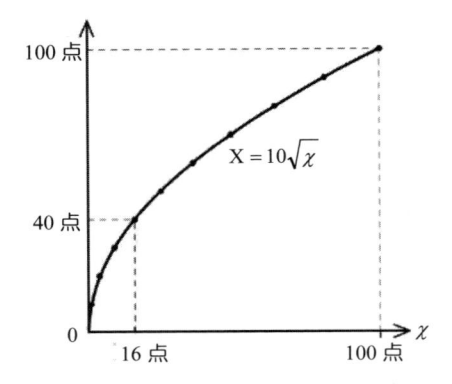

　超例外的な評価もあった．その生徒はスキー部の複合の選手で，3 期までの評価平均点は 40 点をわずかに下回り，学年末の試験に進級をかける事態になった．しかし，国体選手に選ばれずっと合宿に入り，公欠で授業にも出てきていない．試験を受けても無理なことは明らかである．そこで，ジャンプの飛距離で評価することにした．先にも述べた通り，ジャンプ競技は物理の集大成である．位置エネルギーを運動エネルギーに変え，踏切で力積を加え，風を受けて揚力を巧みに生かし，放物運動を行うのである．

　転倒したが 68m 飛んで進級を決め，3 年生では私立文系のクラスに進み，その後スキーの名門私立大学に進んだ．

　1 人の生徒がこの話を聞いて，「先生そらーずるいのでは…」と申し出た．「そうかそれでは君も飛んでみるか」「いいえ，追試頑張ります」．今はもう時効となった．

　すっかり忘れていたが，最近会った生徒が教えてくれたエピソードにマークシートがある．当時は共通一次試験といっていたが，解答用紙に鉛筆で正解の番号を塗りつぶすのである．この練習もしなくてはならないが，解答欄に大きく数字を書いてあるわけではなく小さな縦長の楕円が沢山縦横に並ん

でおり，機械で読み取るのには良いが教師が採点するには困難を極めた．

そこでOHP用のクリアシートの角を答案用紙の角に当て正解の場所には赤のフェルトペンでマークした．採点は答案用紙にぬられた鉛筆の黒とクリアシートの赤が重なり小豆色が○，それ以外の赤，黒は×である．これによってマークシートの練習の採点もスピーディーにできるようになった．計算した答えが0のとき，選択肢の0は「①」だったり，同じ数字が続くなど，楽しみながら出題した．ただし，意味ある誤答を用意するのが難しかった．

（8）タイガースファンにはまって半世紀

2つ目の超例外的な評価は，1985年に21年ぶりの阪神の優勝時に起こった．優勝が決まり「みちのく虎一会」の皆で狂喜乱舞．翌朝7時のNHKニュースのはじめに胴上げの映像が流され，あまりの感動に号泣し，ご飯茶碗に涙がたまり涙茶漬けになった．

職員朝会の最後に教頭先生の粋な計らいで，「本日は藤原先生からお話があります」のあと，「苦節21年優勝することができました．ありがとうございました」とあいさつ．大拍手．

この朝会の様子はこの後，各クラスに担任を通じてもたらされたのであろうか．実験室に生徒の集団が押し寄せ，いきなりの胴上げ，サンダルは吹き飛び，天井に触れるほどの高さに4回．感動のあまり「ありがとう．ありがとうみんな．恩赦，特赦，全員進級」と絶叫してしまった．その日は4回の授業があり4×4回宙に舞った，休み時間に吐きながらの授業では阪神と共に歩んだ人生を熱く語った．

結局，生徒は頑張り，追試験は必要なく全員進級した．この年は私も生徒も異常なほどに燃えていた．その後の生徒達も阪神優勝の恩恵にあずかろうとしたが，その後18年間，暗黒の時代に戻るとは思わなかった．

子供の頃から北京放送との混信を避けながら大阪のラジオ中継を聞き，関ヶ原の戦いでは石田三成公率いる西軍びいき，経営が厳しいとなれば日産の車を買うなど，常に弱者を応援してきた．

阪神は長年最下位で低迷し，お家騒動も絶えなかったが，そんな所も全部好きである．選手が好きというより球団そのもののファンである．野球は監

督になったつもりで観戦すると，スタメン，投手交代時期など実に興味深いスポーツである．

30代になってから，年に1度は聖地の甲子園に行って派手に応援しているが，若い頃こんな失敗があった．負けが濃厚な展開で9回に入り，一斉にかなりの人が席を立ち出口に向い歩き始めた．そのときフェンスにかけより，彼らに向かって「岩手から来てこのまま，負けて帰るわけに行かない．最後まで応援しようではないか」と檄を飛ばした．多くの人々が応援を再開，四死球，エラーも絡んで劇的な大逆転勝ち，もみくちゃの握手攻めにあった．

意気揚々と花巻に返ってきたが，先生，映っていたよと生徒達．NHKはCMがないのでその時間帯は観客席を撮るから気をつけなくてはいけない．今は「みちのく虎一会」の会長だが，タイガースは私の人生と重なっている．負け続けても，最下位が何年も続いても，愚痴をこぼさず来年こそはと夢を馳せる．なまじ強いとこの後長く連敗が続くのではと不安になり落ち着かない．

人気はあるが貧乏球団だった．甲子園では，当時人気のなかったアサヒビールに肩入れしイニングの攻撃のたびに買って飲んでいた．1試合で10杯，5リットルにもなる．そのアサヒビールがスーパードライを出してから一気にメジャーになり嬉しい限りである．今も，球場のオフィシャルブランドである．

最近阪神は優勝争いするようになったが，数年前の甲子園球場で，巨人側の当日券が残っていたのは衝撃だった．しかも，ゴールデンウイークの真っ只中にである．その日も大勝利に酔いながら阪神電車の改札口に大群衆で向いながら，出店で職場への土産を買おうと立ち寄った．

虎サブレを手に持ち「いつまでもちますか」と私．「いつもの年ならそろそろなんだけど，今年は持つとチャイますか」とおばちゃん．「随分アバウトな賞味期限だこと」「あらいやだ，阪神の勢いかと」．大爆笑．

（9）部活動（柔道部そして科学部）

花巻北高校での部活動は野球部，サッカー部，柔道部を副顧問として手伝った．柔道部は顧問の先生とコーチの方に大変良くしていただき長く関わった．県内屈指の強いチームで大会前夜は団体戦の出場選手と順番を決めるの

第8章　花巻北高校時代（9年間）

に顧問の先生は毎回，苦悶し長考するのが常であった．あるとき，大会の会場地でカウンターバーに3人で入ったところ，店の方々が奇妙にこわばり，なるべく私共に近づかないような，よそよそしいそぶりであった．変な店だなと思いながら，作戦会議が続いた．

　会話を聞いていたのかしばらくして「あのー，柔道の大会にこられた方ですか」「そうですが」「あーなーんだ」と大笑い．どうやら我々3人をどこかの見慣れない組の人と勘違いしたらしい．確かにその頃は3人とも百キロ前後であった．

　コーチからは初段を取るように随分勧められたが，押さえ込みなら体重で何とかなるとは思ったが，関節技を決められたら参ったでは済まない．一巻の終わりになってしまうことは明白で，これまで数々の無茶を重ねてきた私だがこの話だけは遠慮した．もっぱらビデオを撮ったり，生徒を移送したりの裏方に徹した．

　大会をビデオで収録するのは一仕事である．当時はカメラとデッキが離れておりカメラは報道機関が使っているほどの大きさで，デッキはA4サイズだったがすこぶる重く消費電力も膨大だった．特に問題だったのは大会で勝ち進むと，団体戦，個人戦とも休みなく収録するため電池がもたないのである．専用の電池は高価だったのでスペアを数本買う余裕はなく，秋葉原でジャンク品を3本買って，ニッカド電池の特性を研究し専用の急速充電器を製作して対応した．

　また，練習場の格技場は剣道部と同居である．剣道部の甲高い気合いと竹刀の一斉打ち込みのため，柔道部顧問の優しい指示では全く聞こえない．そこで古くなったFMラジオを立方体のカラーボックスに入れて道場の上方に括り付けてスピーカーとし，マイクと小型発信器を製作して顧問の胴着の襟に挟んで使用した．これにより「押さえろ！　そこだ攻めろ！　百番！　百番！」と顧問の声が道場一杯に響くようになった．

　花巻北高校最後となった9年目，2年生と3年生に繰り返し物理を教え4度目の卒業生を送り出し終えた私はこの年，1年生の化学だけを教えることになった．張り詰めていた気持ちがゆるんだのか新学期早々肺炎にかかった．2ヶ月近く授業を午前中に集め，午後は抗生物質の点滴を受けながら休まず学校に通っていた．一向に回復せず，抗生物質が効かなくなるので入院して

直せとの医者の制止を振り切り，柔道の大会遠征先でしっかりアルコール消毒をしたところ，レントゲン写真からすっかり影が消えていた．私はアルコール消毒が効いたと思うが，医者は転地療法が効いたとのことであった．

　柔道部の飲み会が縁で，花巻北高校の同僚も加わり8名で観桜会を始めた．もちろん，会長は顧問の先生で，県内各地のどんなに遠くに転勤になっても，どんな役職になっても，この土曜日だけは皆集まり，午後3時から10時間ほど楽しく飲み続ける．定年退職する先輩も出始めたが元気が出る無礼講の会で，今年，早29回目を迎えた．

　文化部では9年間ずっと科学部の顧問だった．着任したときには既に生物部は独立しており，それ以外の物理，化学，地学分野を合わせた科学部だが部員は数名しかいなく，マニアックなメンバーであり，生徒会の予算もほとんどついていなかった．

　なんとか科学部をもり立てようと人集めに奔走した．花泉高校時代にも取り組んでいた熱気球製作を目玉に据え，「熱気球を上げよう」というキャンペーンをはり，途中で運動部をやめてしまった2年生の帰宅部員にターゲットを絞り勧誘した．元野球部員など10名ほど集まった．始めに作ったのがサランラップ熱気球で，紙風船をモデルに型紙を作り切り取ってゆくのだが，互いにくっついて剥がすときに裂けてしまうので，黒板消しで粉をまぶしてから重ねてゆくことが肝要である．セロハンテープで貼り合わせると直径2メートルほどの気球ができあがり，体育館で石油ストーブを使って熱気を入れると加速しながら上昇し，水銀灯に衝突して大きく揺らすほどの衝撃を与えた．回りの空気よりは軽い気球だが空気をため込むと質量があり力が生まれる．皆大喜び．

　2号機は農業用の薄いビニールで直径8メートルのものを作った．貼り合わせは幅広のビニール用両面テープで荷造り用のビニール紐も一緒に張り込んだ．バーナーは銅パイプを螺旋に巻いて作りカセットボンベのガスを燃料とした．

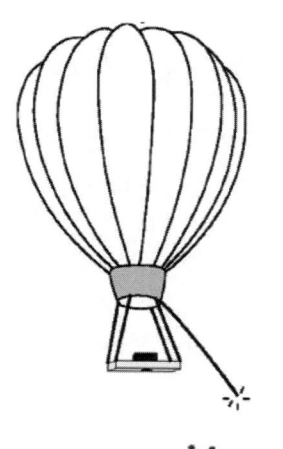

第8章　花巻北高校時代（9年間）

　さらに板に中古の自動巻カメラを下向きに取り付け，モーターで数秒ごとにシャッターが切れる装置を括り付けて飛ばした．快調にシャッター音を発しながら，2月の晴れた真っ青な空に向かってぐんぐん上昇をはじめたが，思いもよらぬことが起こった．生徒達が一斉にカメラの下に走りピースサインなどポーズをつけて写ろうとした．そのため，ロープで牽制するはずだった熱気球が猛烈な速さで上昇をはじめた．「ロープ！ロープ！」と叫んだところ，一斉に戻ってきて引いたが，始めにとびついた生徒の体が宙に浮くほどの勢いがついており，皆で押さえにかかった瞬間，手応えが消えた．カメラとバーナーが落下し，気球だけが切り離されてしまったのだ．

　真っ青な空に真っ白な球体が吸い込まれていった．実に美しい光景である．ぐんぐん上昇し数分後には太陽光を浴びて銀色に輝き仁丹の粒ほどになってしまった．

　大変まずいことになった．花巻北高校の側にはJRの線路があり，花巻空港もある．大惨事が想定され，このときもくびは覚悟した．しかし，最善を尽くさねばと思い．生徒を乗せて自家用車で雪道を追跡した．見失うかと思うほどに気球は小さくなった．

　幸いにもこの地域は平地であったため，細道を縫いながら追跡を続けることができ，30分ほどすると気球は急に降下しはじめた．10kmほど離れた石鳥谷町に着地し，風に流され雪上を滑っていた．数十メートル先には東北本線があり，電線に引っかかったら一大事である．車を捨て一斉に皆で雪をこぎ分け押さえに走った．幸いにも冬期間で骨組みだけになっていたビニールハウスの鉄骨に引っかかって止まった．線路まで10mだった．もし，ビニールハウスにビニールが張ってあったら，するりと脇を進んだことと思うとぞっとした．安堵と疲労で話す気力も失せていた．大いに反省した．このようなことがあって，寄せ集め部員だったが，交友は続き結婚式等で再会するたびに皆で盛り上がった．

　普通はここでやめるのだが，生徒の中にサランラップで気球作りに興じている先生が本校にいるとパロディー雑誌に投稿したものがいて，数頁の特集になり，3号機を作ることになった．

　3号機は直径15mで，1m四方のゴンドラに私が乗り込んで上昇するという企画である．夏休みに校舎の屋上を借り切り，10名ほどで製作した．焼け

付くような暑さの中，1週間ほどかけて完成した．

　ここで，じっと冬を待てば良かったのだが，はやる心を抑えられずに大型石油ストーブを持ち出し，熱気を入れたところ気球の姿になり，高さは3階建ての校舎を超え機は熟した．軽くするためとはいえ一片4cmの角材と3mm厚のベニヤ板で作ったゴンドラは心許なかった．それでも2号機の失敗を元に多くのたぐり紐をコンクリートのおもりに結んでいたので，浮くだけの設定だった．

　しかし，膨れはしたが8月の気温は高く，気球の内外の温度差が不十分で浮上する力は生まれなかった．そうこうしているうちににわか雨に襲われ，折りたたんでベランダに格納した．冬になって広げようとしたが，雨に濡れたままだったので激しい悪臭を発し，やむなく浮遊計画は中止となった．大空を舞う夢は断たれたが，命拾いをしたのかもしれない．

　【解説】

　人類の長年の夢は自由に空を飛ぶことで，鳥をモデルに翼を付け高い場所から飛び降りるなど，日本も含め全世界で挑戦を続け，多くの犠牲を出してきた．しかし，鳥の羽ばたくという動作を人類が行うことは体重と筋力のバランスから不可能であり，機械的にも複雑な運動で困難であった．そこで，人類は羽ばたきをあきらめ鳥の滑空に目を付けグライダーへ，そしてエンジンを付けて前進することによって強制的に翼に揚力を生み出す飛行機へと進んでいった．しかし，これらは，速度がなければ失速し，墜落してしまう．

　一方，熱気球は，暖めて軽くなった空気と外の空気との重さの差によって浮かぶ乗り物で，速く移動する目的には向かないが，空中に浮かぶという意味では安全な乗り物である．

　熱気球の浮上原理について，簡単に解説する．

　熱気球が浮上するのは，暖められた気球内の空気が膨張して軽くなるからである．中の空気を含めた熱気球自体に働く重力よりも熱気球に働く浮力（気球と同じ体積の外気の重さ）の方が大きくなると浮上する．

気球内の空気の重さ ＋ ビニール皮等の重さ ＜ 気球と同じ体積の外気の重さ（浮力）

第8章　花巻北高校時代（9年間）

　気体は，温度が上昇すると膨張するが，ゴム風船と異なり気球の体積は一定なので増加した分は外に押し出される．従って，もしも，2倍に膨張すれば，中の空気の重さは半分になる．

　一方，気球の大きさとビニール皮の重さの関係はどうだろうか．ビニール皮の重さは表面積で決まる．球体の表面積は半径を r とすると $4\pi r^2$ で半径の2乗に比例する．一方，体積は $(4/3)\pi r^3$ と半径の3乗に比例する．従って，大きな気球の方が浮かびやすいことになる．

　今回の気球について計算してみよう．気球の直径は15mなので半径は7.5m，体積は

$$(4/3)\pi r^3 = (4/3) \times 3.14 \times 7.5^3 = 1766 \,[\text{m}^3]$$

空気 1m^3 の重さは0［℃］のとき，約1.3kgであり，t［℃］のときには

$$1.3 \times 273 / (273 + t)$$

と軽くなるから

　外気温が 0［℃］で，気球内部が30［℃］とすると外の空気による浮力は

$$1.3 \times 1766 \fallingdotseq 2296 \,[\text{kg重}]$$

気球内の空気の重さは

$$\{1.3 \times 273 / (273 + 30)\} \times 1766 \fallingdotseq 2068 \,[\text{kg重}]$$

　その差は228［kg重］となり，私の体重とゴンドラを合わせて100kgなので，ビニール皮と綱と貼り合わせ用テープの重さが128kg以下なら浮上することになる．しかし，真夏では外気温と気球内部の温度に差がなく浮上できなかったのである．

　しかし，熱気球の宣伝効果は絶大で，部員は一気に増えて50名近くになり各班ごとの活動になった．物理班では，流体力学やコンピュータ制御によるロボットの製作，化学班は成分分析や小型ロケットの製作（シュワッチ・ロケット計画），地学班はステンレスボール2個にハンドドリルで穴を開け，自作プラネタリウムなどに取り組んだ．

　プラネタリウムは教材のものより星の数が遙かに多いのが売りで，印を付

けた位置に小型ドリルで微細な穴を開けて行く．調理用ステンレスボールは堅く，ドリルの歯を折ったり，勢い余って腿まで突き抜けるなど苦労を重ね完成させた．ドームも塩ビパイプを熱で曲げて骨を作り，白布を張り，10名程が入れる．ナレーションも素晴らしく，文化祭では大好評で，製作した部員は額に汗を浮かべ満足の笑みに満ちていた．ただ残念なことは，受験スケジュールのため8月末の文化祭は灼熱地獄と化し，夕涼みを兼ねた星空巡りの風情はなかった．

　また，当時はパソコンブームだったが高価で個人では買えなかった．生徒会の部費も人数に比例して増え10万円を超えたが，運動部の大会参加費が優先され，文化部への支出は秋以降になる．そこで部費の一括前払い制度を作った．月250円で年間3000円を集金した．さらにパソコンを主に使う部員には5000円を出資してもらい，半年後に生徒会費が下りたら返金するシステムを作り，資金を集めた．春先にそれらの資金を持って，秋葉原詣での際に格安でパソコンを購入し，部員の満足度を高めた．

　彼らは取り憑かれたようにプログラミングに熱中し，下校時刻になっても帰ろうとしない．そんな中，文化祭準備中に事件が起きた．機械警備装置が作動し，警備員が見回ると，物理実験室で部員が発見されたのである．前日，帰ると見せかけて室内に身を隠して，夜通しパソコンに向かっていたが8月で熱く，窓を開けてしまい，風に揺らいだカーテンが警備装置に感知されたらしい．あわてて，床の蓋を開けて隠れたが，警備員がもういなくなったろうとそっと蓋を押し上げたところで，目があったとのこと．今では笑い話だが，当時のパソコン人気が伺える．

　文化祭当日の早朝，やっとプログラムを完成させ，ホームルームに点呼に行っている間に，[new]と打ち込まれて全て消えてしまい，保存していなかったなど泣き笑いが続いた．

　努力は尊い．しかし，物理で定義する仕事とは力を加えてその方向に移動させたときに初めて仕事をしたことになる．従って結果として何も残らないでは意味がない．さらに，期限内にできないのも意味がないと叱った．その生徒達もプログラマー等の企業戦士となり，今ではその意味がよくわかったといってくれた．

（10）パソコンを買って進路指導

　着任2年目に，強引に希望を叶えていただいて校務分掌は進路指導部になれた．これを機会に勉強して3年生の担任として子供達の進路目標を達成させたい，また大学等の情報も知らせたいと思った．当時の岩手県の進学指導は生徒個人の実力を段階点と呼ばれる数値で表し，大学の難易度と比較する方式が主流だった．しかし，傾斜配点方式が一気に広がり，その都度電卓を叩いて計算するのは大変で，対応できないと思った．

　そこで，当時売り出されたNEC製パーソナルコンピュータPC8001を給料2ヶ月分の218,000円で購入した．傾斜配点比をデータとして入力しておくと，実に素早く換算してくれる．しかし，当時はフロッピーディスクもなく，プログラム，データの読み書きはカセットテープで，テープリードエラーが頻繁に出てストップする．そこで大学時代に購入した音楽用テープデッキを惜しげもなく改造して読み込み終了時に電源が落ちる装置を組み込み，安定したデータ記録装置を完成させた．

　自分のクラスだけで使っていたのでは普及しないので，全クラス分を入力して進路指導会議に臨んだが，コンピュータはまだ理解されておらず，補助的にパソコンを操って情報を知らせる程度で，会議は依然として紙ベースであった．

　数年後，その後も大きな影響を受けることになる校長先生が着任され転機を迎えることになった．化学が専門で，大局的に物事をとらえて決断し，決まったら豪快に仕事を進める方で，県庁に出向きパソコンセット数台分の予算を付けていただいた．さらに，卒業記念品を前倒しして購入し，私物を入れるとクラスの数だけのパソコンセットが揃った．

　私はこの校長先生に大きな影響を受け，その後も師と仰いでいる．ある日校長室に呼ばれ「忠雄ちゃん，生徒の進学希望を達成させたいものだ．私の血圧くらいの合格者を出したいものだがどうか」「私も進路達成を願っていますが，校長先生の血圧はいかほどですか」「なに，180から200だよ」と豪快にいわれた．

　その頃にはフロッピーディスク内蔵のPC8801MKⅡが発売され，A3横打ち出しのドットプリンター，カラーディスプレーを含め夏冬のボーナスでも払いきれない85万円の投資をした．また，進路会議を職員全員が心を1つ

に集中できるようにするために，VTRレコーダーとカメラを30万円ほどかけて購入し，パソコン画面を視聴覚室のモニターテレビに大きく表示した．まるで株式取引場のようであった．私にとっては大きな投資になったが，やっとコンピュータを活用し，担任の経験の差に左右されずに，どの生徒にも等しいサービスを提供できるシステムが完成した．このての事柄は環境が揃うのを待つのでは間に合わない．まさに先公投資，いや先行投資である．

次はパソコンを通じて何を語らせるかが大切である．20代の私の考えなどは聞き入れられなくとも，パソコンに客観的データをもとに語らせると信頼される．パソコンはプログラムの通りに，プログラマーの意図通りに作業を進めることになるから責任があり，構想は重要である．進路指導プログラム作成に当たっての基本構想は

①冷たい機械で暖かい進路指導を行う
②将来の職業を見据えて学部，学科を決める
③大学名にこだわらず学科にこだわり，広範囲に探す

紆余曲折の結果完成したシステムは，生徒の出席番号と希望する学科を入力すると，画面上部に国語，数学，英語，理科1，理科2，社会，総合の7つのグラフ板が現れる．それぞれのグラフには模擬試験等のSS（偏差値）が折れ線グラフでかかれてゆき，向上具合と教科のバランスを全員で観る．

高校教師は自分の教えている教科が芳しくないと生徒の評価を下げてしまいがちである．しかし，ちょっとした行き違いから教師と生徒間がうまくいかないこともある．グラフを見て自分が担当している科目だけが落ち込んでいる場合は，生徒との関係改善を図ってもらえた．結局，コンピュータに無言で語らせたことになった．全員で画面を注視するテレビ中継の効果は大きかった．

画面の下半分には傾斜配点などの処理を済ませ，各大学のデータと比較してA判定の大学学部学科から順に表示され，次にB，C，Dとグループ別に色分けしながら表示される．

生徒は模擬試験のたびに同じ大学学部学科を書き続け，いつもD判定で，落ち込む場合が多い．そうではなく世の中には自分でもA判定の大半ところが沢山あることを知り，自信が湧くと共に，受験科目と傾斜配点の関係で有

第8章　花巻北高校時代（9年間）

利になる大学もあったのかと視野を広げることができる．また，とっておきのキーを叩くと昨年合格した生徒（匿名）の成績グラフが色を変えて重ねて描かれ，比較することで教科バランスのチェックを行うことができた．

　自宅では毎日，飲食をしながらラジオで阪神の応援をし，終わった21時半から午後2時半までの5時間は趣味の時間とした．1年の半分はプログラムやデータ入力といった進路指導資料作成に当て，半分は物理の教材開発に当てた．

　教員住宅の2階，6畳間の半分が私の仕事部屋で，教材開発の工具類は押し入れの開き戸の内側を改造して格納し，パソコンセットも押し入れの中に入れて使った．理由は7クラス分のデータ入力の完成が深夜になり朝までにA3連続用紙にドットプリンターで打ち出さなくてはならず，消音のためである．打ち出すのには数時間かかり，段ボール箱から供給される連続紙に次々に打ち出していくのだが，生徒と生徒の区切りの横線を打ち出す時は「チー……」と甲高い音が出て，襖の向こうから家内の苦情が……．押し入れの開き戸を閉めただけでは不十分で，座布団を押しつけて消音したが，今度は座布団で排紙ができずに紙が幾重にも絡んでしまった．あわてて電源を切り紙を引き出す．印刷再開，おやっ，文字の一部が欠けている．ドットプリンターは時の最上位機種で32本の細長い鋼鉄ピンを電磁石で押し出しインクリボンを叩く方式であったため，紙を引き出すときに雑に扱ってピンを数本引っかけて折ってしまったのだ．何とか読めるが修理に出したところヘッド交換で3万円，本体が32万円なので止む無しと思ったが，2度も続くとさすがに自己嫌悪に落ちた．今なら修理代で本体が買えるし，パソコン自体も安くなったものである．

　各クラスの三者面談でも担任が同じ要領で生徒，保護者の前でデータを示し，煮詰まったらプリントアウトして家庭に持ち帰らせ，最後は本人に決めてもらう方式にした．決して担任が強引に勧めたりはしない．この様子は旅行選びに似ていると思う．さまざまな情報がパンフレットで示され，どこに行きたいか，交通手段は，宿のグレードは，予算はと色々と考えて決めるからである．中には，もう1年ためて豪華な旅行にしたいと考える生徒もいる．私の考えは進路指導というよりは進路相談の方が近いと思う．

　夏場は昼休みに教室に出かけ，ベランダで外を眺め，世間話を交えながら

生徒の将来の夢を聞き，実現のための相談にのっていた．

センター試験を終えて出願大学を決めるときも生徒は迷う．自己採点の結果が合格最低点のボーダーラインより 100 点低いとき，志望を通すか，変えるかである．そんな時には 2 次試験の配点と科目を聞いて，500 点あって得意科目なら，500m 競争で 100m 後方からスタートするが，得意種目で間に合うかと問い，200 点の時には 200m しかなく 100m 後方からスタートして間に合うかを問う．いずれも本人の意志で決定させた．どちらに決めても本人がすっきりして2次試験に臨み十分に力を発揮できるように，将来に禍根を残さないことに心がけた．

後に盛岡第一高校の理数科を担当したときには東京大学に 8 人が挑戦したいといい，気持ち良く全員にゴーサインを出した．残念だった 5 人も後期試験で気持ち良く頑張ってくれた．

（11）教材開発を始める

28 歳のとき，出産のため家内が長期にわたり実家に帰ったので，深夜に音を出してもよくなり自由に使える時間が持てた．戦艦大和を作り終えたので，培った軍需技術を平和のために生かすべく教材作りに没頭した．このとき模型作りのノウハウは大変役立った．

開発した教材は，授業中にどうしても生徒にうまく教えられない事柄や，生徒は一応納得しているようだがこちらがしっくり来ないこと，子供の頃から抱いていたブランコの不思議などを解決するためのものである．花巻北高校で開発した 10 作までは大作で 1 作品あたり平均 300 時間ほどかかった．一部作品を紹介する．

① 力積・仕事測定装置の試作　（1作目，簡易紹介）

力学の中でも「仕事－エネルギー」「力積－運動量」は，中心をなす部分である．前者については中学校でも学び，実験方法も確立されていて理解しやすいが，「力積－運動量」になると，運動量保存の法則についての実験は行われるが，力積についてはほとんどなされていないのが現実である．

力積を単に概念としてではなく，直接目に見える量として示したい．そしてこの力積と仕事とが 1 つの現象を，一方は時間という観点から，一方は距

第8章　花巻北高校時代（9年間）

離という観点から見た量であることを示したい．これらの思いから，「力積・仕事測定装置」を製作した．

製作上で留意したのは，次の点である．

(1) 力積，仕事の記録をスクリーンに描かせ運動状態と記録されていく様子を同時に観察できるようにする．

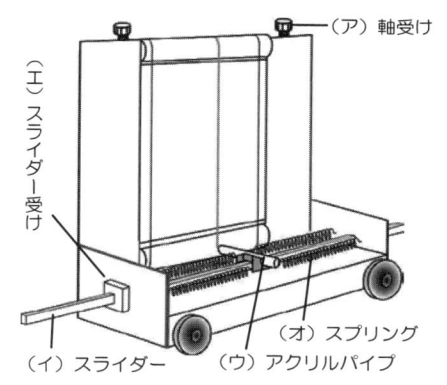

(エ) スライダー受け
(ア) 軸受け
(イ) スライダー
(ウ) アクリルパイプ
(オ) スプリング

(2) 1台の装置で力積と仕事の両方を測定し，それらの関係を直感的に理解できるようにする．

詳しい製作については省略するが，アクリル板で大型台車を作り，アルミ角棒のスライダー④を通し，4本のスプリング㋔で左右から引く．スライダー④の中央にはアクリルパイプ㋒があり中にペンを入れ，台車に対するスライダー④の位置（力の大きさ）を記録する．

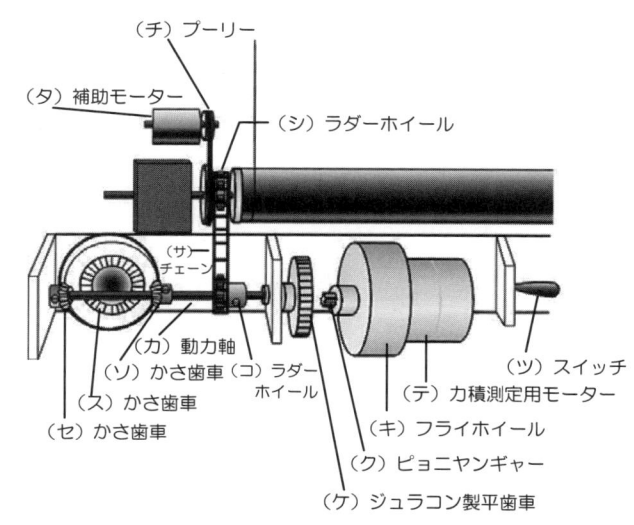

右図は裏面で上下の軸に輪にしたTPシートを掛け，下の軸を回す仕組みになっている．㋘の平歯車を右にスライドさせて一定の速さで回転するモーターに繋ぐと，時間に比例してシートが進むことに

(チ) プーリー
(タ) 補助モーター
(シ) ラダーホイール
(サ) チェーン
(カ) 動力軸
(コ) ラダーホイール
(ソ) かさ歯車
(ス) かさ歯車
(セ) かさ歯車
(テ) 力積測定用モーター
(ツ) スイッチ
(キ) フライホイール
(ク) ピョニヤンギャー
(ケ) ジュラコン製平歯車

なる．この状態でスライダーを押すと力の大きさが，横方向に，時間の経過が縦方向に記録され，囲まれた面積が力積を表す．

149

力学台車に取り付けたかさ歯車㋐にかさ歯車㋑または㋒を繋ぐと力学台車が進んだ距離に比例してシートが進むことになる．この状態でスライダーを押すと力の大きさが横方向に，進んだ距離が縦方向に記録され，囲まれた面積が仕事量を表す．

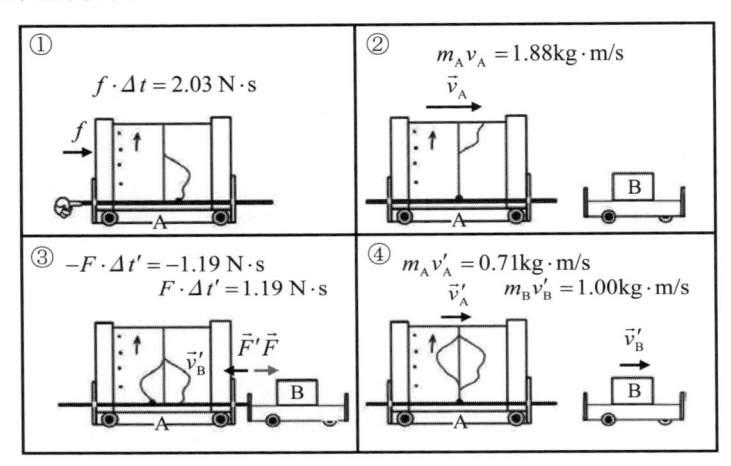

① $f \cdot \Delta t = 2.03 \text{ N} \cdot \text{s}$

② $m_A v_A = 1.88 \text{ kg} \cdot \text{m/s}$

③ $-F \cdot \Delta t' = -1.19 \text{ N} \cdot \text{s}$
　$F \cdot \Delta t' = 1.19 \text{ N} \cdot \text{s}$

④ $m_A v'_A = 0.71 \text{ kg} \cdot \text{m/s}$
　$m_B v'_B = 1.00 \text{ kg} \cdot \text{m/s}$

　上図は力積を調べている様子で，モーターでシートを回転させ，スライダーを押して力を加えて力学台車を進ませる．このとき与えられた力積の大きさが面積で与えられ，得られた運動量にほぼ等しくなる．次に力学台車 B に衝突し負の力積を受け，その大きさだけ運動量が減少することを確かめる．

　この作品をどこかで発表したいと教育センターの研修講座に参加した際，理科の所員の方に伺ったところ，やさしく応対していただいた．この方が後の県の教育長に就任され，お仕えするとは夢にも思わなかった．

　冬になって教育センターの発表会で発表をするようにとの案内が学校に舞い込んだ．大変驚いた．私は理科部会の物理部門での発表を想定していたからである．教育センターは初任校の花泉高校時代から物理の研修講座に参加してきたが，小中高の先生方が大勢集まる研究発表会場での発表は想定していなかった．発表は 8mm フィルムの映像が当時は珍しく，好意的な評価をいただき安堵した．この縁もあって初任校と花巻北高校の 13 年間の在職中に 10 回ほど研修講座に参加することになった．

　また，教育センターを会場に土曜日の午後の勉強会，「物理教材研究委員

第8章　花巻北高校時代（9年間）

会」に参加することになった．県内の物理教師が集まり，自主開発したオリジナル教材や授業展開例などを持ち寄り勉強する会で月に1回ほどの割合で開かれた．その会の特徴は発表ノルマがあることで，次回は誰と誰と指名される．年に数回巡ってくるため開発に一層拍車がかかった．

　年に1回の合宿勉強会もあり，30周年を迎えた．この会でお世話いただいた多くの物理の先輩と同世代の良きライバルに巡り会え，物理教師として恵まれた人生を送れたと感謝している．

② 磁力線を用いた2次元記録タイマー（2作目，簡易紹介）

　開発に2年間を要し，28作品中，最も時間をかけた大作になったその2号機（写真左）を紹介する．

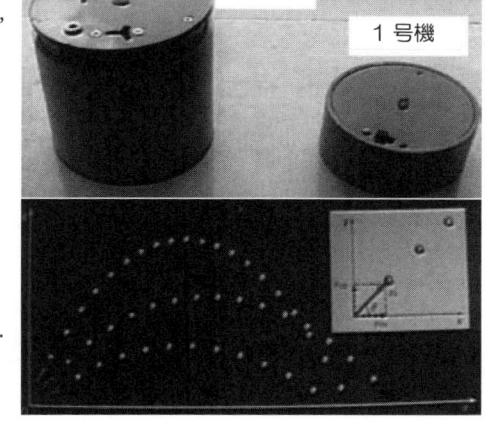

　運動の様子を調べるのには，暗室で一定間隔の発光を連続して行い，運動体を写すストロボ写真がよく用いられる．しかし授業中，生徒の前で行う実験にストロボ写真を用いようとすると暗室が必要で，現像に時間がかかり，その場で結果を出すことができない．そのため結局，教科書等のストロボ写真の解析に終始してしまう．しかし，これでは生徒も教える側も満足しない．なんとかならないものかと考えていた．

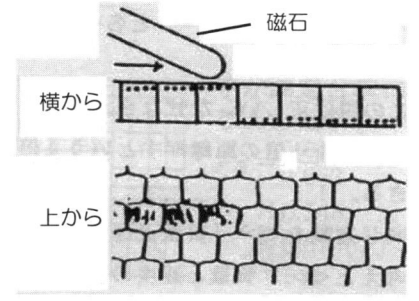

　ホームセンターやおもちゃ屋へ行くのが趣味だが，子供が生まれ「おえかき先生」を買ってひらめいた．このおもちゃは，白いボードがあり，その上から磁石ペンでなぞると黒く書けるというもので，仕組みは小さなブロックに分割された部屋に白濁

液が入れられ，その中に黒色の小磁性体が入っている．その多数ある部屋の上を図のように磁石を滑らせると磁性体がすいつき，その部屋が黒く見えるのである．消すときは裏からゴム磁石等でこすると，磁性体が裏面に移動して表は白に戻る．

このボードの上を，断続した磁力線を発射する運動物体を走らせることにより，その物体の運動を捉えようと考えた．

原理は水晶発振子からのパルス波を分周して 15Hz，30Hz，60Hz のパルス波を出し，スイッチにより 3 つのうち 1 つの周波数を選択し，トランジスタで増幅し，電磁石に強い電流を流す．ここで発生した断続した磁力線によってボードに黒い線を描くというものである．

電磁石ヘッドはテープレコーダーのヘッドをヒントにスプリングワッシャを図のように削り，これにエナメル線を巻いて作った．

エアーポンプを強力モーターで回して底の穴より空気を噴出させ，摩擦力をなくした．

写真のように，この記録されたものはストロボ写真のような点ではなく線で描かれる．

この線の向き，長さはこの運動の速度ベクトルを示すことになり放物運動の記録等に力を発揮した．

2 号機の構造を次頁に示す．

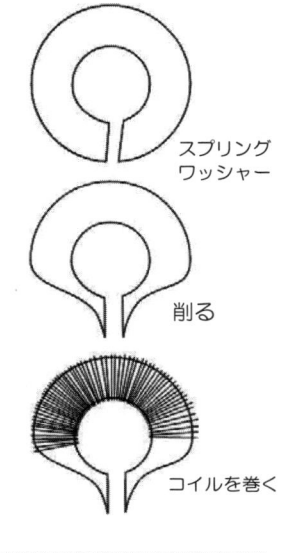

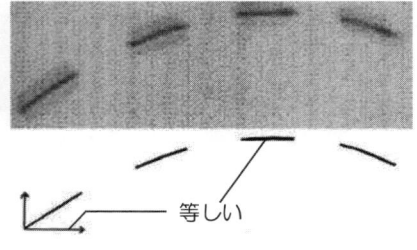

(ア) 質量が 700g，たてよこ 8cm，電池内蔵式とした．電池には柔道部のビデオ撮影にも活躍したビデオ用 NiCd 電池を 4 本を用いて，ハイパワーの電源にした．

(イ) 放熱については電磁石ヘッド全体を空気室に入れ，エアーポンプから送られる空気で冷やすことにした．また数秒間だけ通電するよう

にし，ヘッドの加熱を防いだ．
（ウ）微分回路を作り，ストロボ写真のような点も打てるようにした．

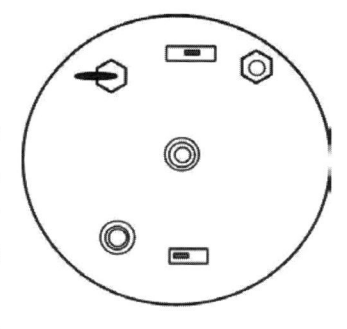

性能の点では 2 号機が最も良いが構造がかなり複雑で質量も大きい．製作しやすいのは浮上機能をはずし，電源を外から供給する 1 号機で微細のガラス球を敷くと摩擦を防ぐことができる．

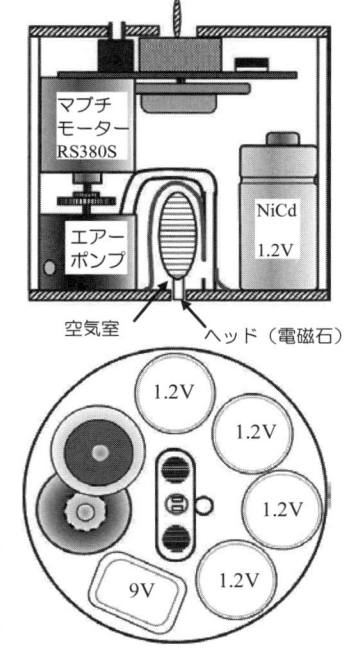

1985 年に 2 年かけてやっと完成した．その頃，学校では毎年，各教科 1 名をあまり旅費のかからない地域で行われる教科に関する研究会に参加できる仕組みがあり，私の割り当たった年は北海道で日本理化学協会主催の「全国理科教育大会」があった．申し込みと旅費の相談に事務室を訪れたときに，「いいね旅費をもらって里帰りができて」といわれた．当人は軽い冗談だったと思うが，私には気になった．「それでは研究発表してきます」といったまでは良かったが，案内の入手が遅く参加申し込みはできるが，発表については印刷の関係で締め切りはとうに過ぎていた．ここでいつもの粘りが出て，大会事務局に電話し，北海道出身の私の名誉のためと頼み込み，何とかお願いできた．大変恩義に感じた．時は過ぎて 12 年後の岩手大会の事務局長としてお世話する立場になろうとは，そのときは全く思いもよらなかった．

5 作品まで完成していたが，大作の 1 作目と 2 作目を発表し，責務をはたしたと復命書に発表資料を付けて提出した．その後，数ヶ月してある高校の校長先生から 2 作目の 2 次元記録タイマーで記録した軌跡を写した写真を送るよう指示があった．何のことか皆目わからなかったが，1 年後に案内が

あってびっくり．「第1回日本理化学協会賞」の物理部門に選ばれたとの報が入った．長い歴史を持った発表会で，発表者にさらに元気が出るようにと発表作品のうち物理部門と化学部門から1作品ずつ表彰しようと決めたとのことであった．しかも，この北海道大会からである．事務室の方の一言が私の人生を変えたともいえる．

　校長先生，理科の仲間を始め職員のみんなから祝福を受け，授賞式が開かれる大阪大会に向かった．

　当日の朝は礼服を着て新たな発表のための3作目と5作目を入れた大きな荷物を提げて大阪駅の改札口に進んだ．しかし，ラッシュ時に当たり人の波に押し返されたり回転させられたりと散々な状態になり，会場に着いたときには汗だくだった．8月初旬の大阪は熱く，多くの参加者は半袖ノーネクタイであった．賞状と記念メダルをもらって嬉しかったし，その夜，甲子園球場に行けたのも褒美のようで嬉しかった．甲子園通いはこの頃から始まった．

　「豚もおだてりゃ木に登る」とはよくいったもので，これをきっかけに，教材開発に命をかけ，のめり込んでいった．

　その頃は面白いように斬新なアイデアが涌き出し，時間がいくらあっても製作が追いつかない有様だった．あーもう3時か寝なくては，夏場は4時になると日が昇るから眠らなくては明日の授業にさわる．枕元に紙と鉛筆を置いてアイデアを書き留めながらクールダウン．そして今日の授業のシミュレーション開始，授業の展開順，爆笑ネタ確認，生徒の反応，まとめ．このまま目が覚めなくても良いと思えるほどの充実感．だが，こんな面白いネタを見せずには死ねないと思う．日々これの繰り返しだった．

　朝は眠い．朝会に向かう校長先生の後ろからおはようございますと声をかけて職員室に入る毎日．学級に向かう登りの階段も手すりを使ってパワーセーブでよく見えていない．だがドアを開けた瞬間から担任に変身．スイッチオン，パワー全開「おはよう．今日も元気だ○○がうまい」でスタート．

　その頃の思いは，「人間五十年，太く短く，激しく生きたい」であり，起きて元気で活動している時間が人生で，寿命は五十年でも，起きている時間が16時間の人に比べて20時間起きていると計算上は62.5歳まで生きたこ

第8章　花巻北高校時代（9年間）

とになる，と思っていた．

　今思うと不思議なぐらい元気であったが，家族と過ごす時間は少なかったと思う．

　2年後，岩手県教育委員会から理科の教材開発で「事績顕著者表彰」をいただいた．大変光栄に感ずると共に，まだ10作しか開発しておらず，35歳という年齢からも恐縮した気持ちも多分にあった．

　翌春，総合教育センター勤務を命ぜられた．転勤も2度目でもあり，勤続年数も当時の異動基準を超えたので覚悟はできていた．パソコンによる進路指導システムは軌道に乗り，定期考査等の成績処理システムも完成させ，引き継ぎ体制もでき，心の整理はついていた．肺炎にもなり，完全に燃え尽きた状況であった．

　花巻北高校には9年間もお世話になった．最後の年は副担任であったが，離任式にはこれまで担任した多くの卒業生が来てくれ，体育館の後ろに並んでいた．挨拶では思い出を語った．繰り返しこみ上げ，大泣きした．応援団が一人一人にエールを送ってくれた．式が終わり卒業生みんなで胴上げしてくれた．90kg越えでも男子クラスの面々は軽々と宙に飛ばしてくれた．泣けた．

　9年間の思い出の詰まった校舎を後にした．そして，教員住宅からも出ることになった．しかし，今回の移動は700mと極めて近かった．理由は盛岡市にあった理科センターから始まった教育センターが古く手狭になったことから，花巻市に移転され，この年昭和63年4月から総合教育センターとして開所になり，その所員となったからだ．

　卒業生が大勢で軽トラを操り，2代目の柔道部顧問は県チャンピオンにもなった先生で100kgを遙かに超えており，タンスなども軽々と持ち上げてくれ，引っ越しは早々に終了した．

第9章　総合教育センター（5年間）

　総合教育センターは花巻温泉のそばにあり，当時は宿泊施設に温泉が引かれており，広大な敷地に池を始め植栽も見事であった．所員60名，長期研修の先生も含めると大所帯だった．所長，次長，部長，室長，研修主事という職名も新鮮だった．

　小中高の各校種の先生方が集まっており，教育用語や考え方が違っていてこれもまた新鮮だった．小学校出身の所員が話す目当て，手だてという用語の連発に慣れるまでにかなりの時間を要したが，この文化の違いが面白かった．

（1）ユニークな理科の仲間

　5月から研修講座が始まり，初講座は「中学校理科研修講座」であった．理科は物化生地担当の高校籍のスタッフ4人と義務教育のスタッフ3人の7人体制であったが，人員が毎年削減され，物理分野は私が小中高を全て担当することになっていった．

　理科教育室のメンバーはユニークで，特技の持ち主も多かった．

　所長さんの発案で地域貢献活動の一環として花巻祭りに参加することになった．はじめは御輿を借りていたが，自前で製作することになり技術の木工製作室に昼休みと勤務明け，そして休日に集まって1年かけて製作した．地学担当の先生が図面引きから製作の指揮まで執って，専門家に依頼したほどの立派なものが出来上がった．鳳凰を載せバッテリーでライトアップすると

第9章　総合教育センター（5年間）

　さらに素晴らしい．私にはさらに電光プラカードを作る指示が出た．電光掲示板の下に小型自動車用のバッテリーを付け，それを私がたすきがけで抱えて歩くというものである．文字は「祝花巻まつり」「教育センター」の6文字，2パターンとし，自動的にリレーで切り換え，1枚のボードに交互に文字が浮かび上がるというものである．

　製作には1ヶ月かかった．黒色に塗った柔らかいバルサ材に赤色と緑色の発光ダイオード3000個を文字に沿って差し込んでいった．2文字の両方に使われる発光ダイオードもある．発光ダイオードの耐電圧は2Vなので12Vバッテリーに耐えられるように6個ずつ直列接続して1ユニットとし，半田付けした．

　祭りの日，私の電動プラカードを先頭に元気に出発．1文字ずつ表示したり，一気に6文字が出たり，連続パターン切り換えなどプログラム通りに快調に表示を始めた．御輿がメインスタンドにさしかかると祭りのウグイス嬢の声．「ただいま，お祭り広場に入ってきたのは，総合教育センターの御輿です」「動きがあるようです」「もみに入るのでしょうか」「おっとちがいます」「交代です」「珍しいです」見物人がどっと湧いた．みんなの思いが詰まった御輿でとにかく重い．年齢の高い集団にとって交代は必須である．1時間ほどのパレードも終盤になるとプラカードを見て子供達が「花巻まりって何」といい始めた．バッテリーが弱って「つ」が点灯しなくなっていた．御輿もバッテリーもバテバテだった．それでも当時は交代要員がいたからまだ良いが，今は人員削減で交代要員もおらず，まさに命がけの祭り参加である．

　縁あって初任校の生物の先生とも再び一緒になり，賑やかな職場になった．その生物室前の廊下で掃除の人が悲鳴を上げた．ゴミがうごめいているとのことである．調べると脱走したイモリ達が綿埃を付けて行進していたのである．中には戸の陰に挟まって絶命したものもいた．化学担当の室長は，発想豊かな方で，死骸を見てすかさず「このイモリは死んで1階級昇進してトカゲになった」と解説．うまい，進化している．室長は高校では剣道部の顧問をしていたと聞いて，私が「柔道と違って，道具が多くて大会に行くときなど面倒だったでしょう」と聞いたところ，「そんな，面，胴な小手は竹刀」と即答．「参りました．一本」．

中学校生物担当のスタッフもユニークだった．室長の機知に富んだ解答に翻弄され，昼食時には牛乳をしばしば吹き出していた．その彼の特技は日舞と骨格標本作り．牛の頭部の骨格標本は見事で，講座でも良く紹介していた．彼は一念発起し犬の全身骨格標本に挑戦した．保健所から死骸をもらい受け，自宅の庭に埋めて白骨化を待ったが，家人に異様なにおいを指摘され，やむなく廃棄になったとのこと．残念．これぞまさしく「腐乱犬死体（フランケンシュタイン）」である．

教育センターの校種間の文化の違いは教育用語だけではない．忘年会の出し物ではっきりする．義務教育籍が多い部屋の出し物は「合唱」「輪唱」などで学習発表会や学芸会を連想させる．一方，高校籍の多い理科教育室の出し物は宴会芸のオンパレードで爆笑の陰で冷ややかな視線も感じられた．部屋対抗では優勝したが，賞品には参った．のしがかけられた一升瓶，のしの隙間からセンター周辺で捕獲されたマムシが恨めしそうに覗いていた．

（2）教材開発

28 作のほとんどが高校の物理の授業を意識したもので，10 万分の 1 秒まで計れるタイマーで音速を計るものなどもある．しかし，教育センターでは小中学校の研修講座も担当したことから，その方面の教材も開発した．主な作品をダイジェスト版で紹介する．

① ロボットによるブランコの研究

公園などで小さな子が，親に押されて歓声を上げながらブランコを楽しむ光景は，ほほえましいものである．隣では大きな子がぐんぐんとブランコをこいでいて，それを見た小さな子は，見様見真似で立ち乗りしてみるが，なかなかうまくこげない．これもまたほほえましい．

よく見かける光景だが，私は小学校入学の頃からずっとブランコに興味を持っていた．それは親に押してもらってその方向にスピードを増し，振れが大きくなるのは当たり前だが，立ち乗りでこぐと，どうして振れが大きくなるのかということである．ブランコのこげない小さな子は立ったり，しゃがんだりを小刻みに繰り返すだけで振れは大きくならないが，大きな子は振れに合わせた動作をしている．皆さんもブランコをこぐ動作を思い浮かべていただきたい．

第9章 総合教育センター（5年間）

　よく観察すると振れの端にきたときは立ち上がっていて，最下点に向かいながらしゃがみ込み，端では再び立ち上がる．どうもこの運動を繰り返しているようだ．しかし，どうしてスピードが徐々に増して振れ幅が大きくなるのかはわからなかった．その当時の印象としては前方に向かうときに足を前に蹴り出して前向きの力を出しているのではないか．でも，後退するときにしゃがむのはなぜだ．空気の抵抗を減らすためではないか．などと悶々と考えていた．

　ブランコの運動に限らずスピードを上げる（加速する）ためにはその方向に力が必要である．親に押された子がスピードを増し，振幅が増していくのは至極当然のことである．しかし，立ちこぎで足を前に蹴り出して力を出したとしても外から加えられた力ではなく，この力は内力なのである．

　この内力についてちょっと説明すると，図のように，リヤカーに乗せてもらった子が，坂にさしかかって父親が苦しそうなのを見て，荷物を押してあげたが父親はさっぱり楽になったように見えない．この子が荷物に及ぼした力と荷物が押し返した力（反作用）は大きさが同じで逆向きであり，子とリヤカー全体からするとないに等しい力，すなわちない力，いや内力である．ブランコの場合も足場に力を加えても内力で，外から見るともがいているだけだ．ちなみに，この子は小学校に上がる前の私自身である．

　さて，ブランコの立ちこぎの不思議を解く鍵は力学的エネルギーと仕事の関係にあると私は思う．

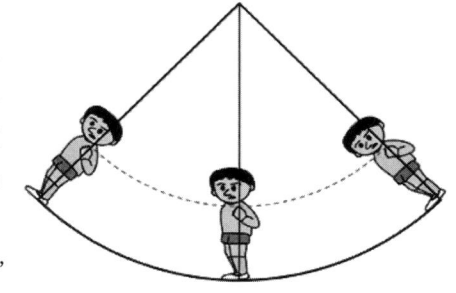

　まず，図のようにブランコに立ったまま振れている様子について考えよう．子供は頭が重いので重心を肩の位置にあると仮定し，重心の動いた軌跡を点線で示した．この場合は力学的エネルギー保存の法則が成り立ち，

右に最も上がった位置から最下点に来るまでに失った位置エネルギーが運動エネルギーに変わりスピードが増す．そして左側に来るにしたがって位置エネルギーに変換され，同じ高さで静止する．

　次に，こぐという動作について考えよう．

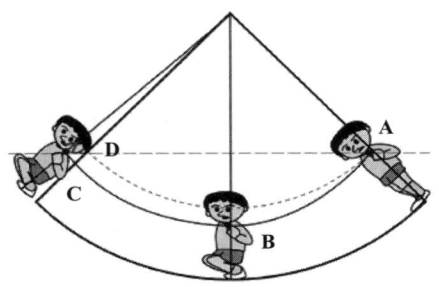

　右図のように，右最上点（重心の位置 A）から下がっていくときにしゃがみ込む．するとブランコに立ったまま振れていたときの重心の軌跡を示す点線に対して，実際の重心の軌跡を表す実線は下方になる．よって最下点では立ったままのときに比べてスピードが増す．これは，より多くの位置エネルギーが運動エネルギーに変換されたためである．この後しゃがみ込んだままでいると左最上点（重心の位置 C）の高さは，A と同じ高さになる．しかし，振れの幅は立ったままのときに比べて大きくなる．

　さらに，このとき，拡大図のようにすくっと立ち上がって重力に対して仕事をして，位置エネルギーを増やした後（重心の位置 D），後方に戻りながら，しゃがみ込むと，最下点ではさらにスピードが増し，右最上点の重心は，先ほど立ち上がったときの重心の高さ D に等しく，ブランコの振れ幅はさらに大きくなる．

　このことを繰り返すことが，基本的にブランコをこぐということと私は考える．説明されるとなるほどと思っても，生徒には実際に目に見える形で示したいものである．

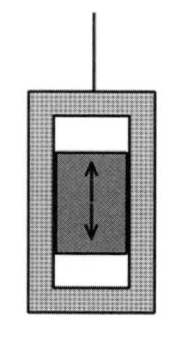

　実際に近くの公園まで出向いて実験をするのが最も良いが，人間がブランコをこぐときには長年の癖が出て，端における蹴り上げの動作など様々な要素が入り込むのは良くない．そこで完全に立ったり，しゃがんだりだけの動作をするロボットを製作した．仕組みはアクリル板で外箱を作り，糸

第9章　総合教育センター（5年間）

で吊る．外箱の中に質量の大きな中箱を入れ，これを上下させることにより，箱全体の重心を上下させる．この上下させる周期と単振子の周期を合わせることにより，次第に振幅が大きくなり，ブランコをこぐのと同じになるかを検証しようと考えた．

　右図は正面図と側面図である．ブランコのひもの長さ（重心の中心位置と支点間の長さ）から割りだした1往復する時間（周期）の間に，ステッピングモーターが2回転するようにタイマーICからのパルス信号を電子回路で増幅して送る．ステッピングモーターは電池で動く時計にも使われており，1つ電気信号が送られると決まった角度だけ回転するモーターで，時計の針が連続回転ではなく文字通りステップしているのが観察できる．

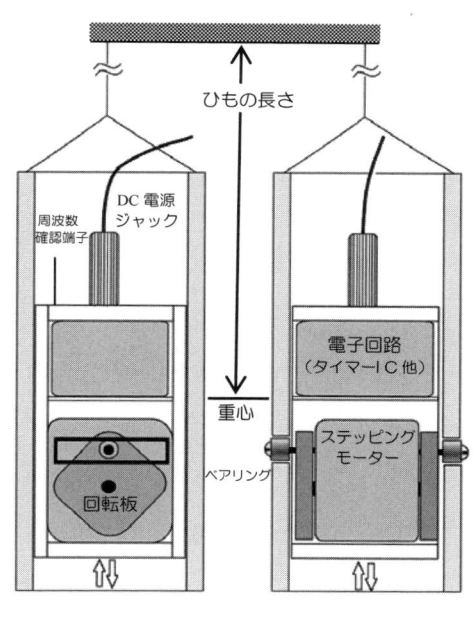

　使用したのは力の強いステッピングモーターだが，回転軸は片方にしか出ていなかったので，ハンマーでたたき出して，両側に軸を出した．これに樹脂製の回転板をはめ込み，回転板の隅に小型ベアリングを取り付ける．このベアリングは外箱に空けた溝にはまっているので，モーターが1回転すると，中箱も1振動する．このことによって箱全体の重心を上下させる．

　箱の重心の中心と箱に掛けた糸の支点までの長さを1mにして単振子の周期 T を求める．

$$T = 2\pi\sqrt{L/g} = 2 \times 3.14\sqrt{1.00/9.8} = 2.006 \text{(秒)}$$

　ブランコが1振動する間に中箱は2振動しなければならないから，1.003

秒間にステッピングモーターを1回転させるためのパルス数を求める．使用したステッピングモーターは200パルスで1回転するから，1.003秒間に200パルスを送れば良い．よって発振周波数 f は

$$f = 200 / 1.003 = 199.4 \ (\mathrm{Hz})$$

となる．この周波数になるように調整して実験を行った．

　ロボットを最下点（振動の中心）から2cmほど振った位置（振幅2cm）で支え，中箱の動きを見計らい，中箱が上り詰めた瞬間に離した．ロボットはブランコ運動をつづけ振幅を次第に大きくさせていき，やがて振幅は30cmほどにまでなった．子供の頃からの疑問が解けた感動の瞬間である．中箱が上下しているだけであるが，長く眺めているとまるで子供がブランコをこいでいるのかと錯覚するほど似た運動になった．このことによってブランコをこぐという動作の基本が証明された．

　右図はブランコ・ロボット1号で，仕組みは，ロボットの胴体の直流モーターにブランコの振動の1/4周期ごとに方向が切り替わる電流を流した．

　定期的に流れる向きが変わる電流によりモーターは右回転，左回転を繰り返す．モーターの軸にはボルトがついていて足元のナットを押したり引いたりする．そのためロボット自身が立ち上がったり，しゃがんだりする．付加的な部品としては，耳はダイオードで電流の逆流を防ぐためについている．目は発光ダイオードで立ち上がるときに光る．眉毛はその電流を押さえるための抵抗である．鼻も発光ダイオードでしゃがむときに光り，口はその電流を押さえるための抵抗である．また足の股関節はロボットらしくするためにアクリル材を加工して作った．

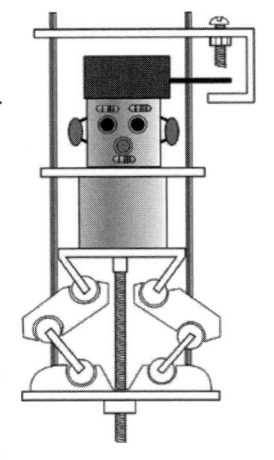

　ロボットの頭にはマイクロスイッチが付いていて，ある高さまで上昇すると，スイッチが切れて動作を止めるようにした．そのため2号機のように連続的に立ったり，しゃがんだりするのではなく，一気に立ち，しばらくして，

一気にしゃがむなど期待した運動により近かった．目，鼻の点滅も面白く，生徒の興味・関心を引き出すには十分だったが，大きな欠点が見つかった．それは，モーターが回転するたびに，反作用で身体全体が逆方向にねじれるのである．そして，次第に大きな回転になり，ブランコの振れよりも目立ってしまった．そこで，2号機の製作となった．

② バイブラ・ランプとフレミングの力

高校の物理教師になってからは，東京に行くと必ず秋葉原の電気街に行く．いや秋葉原に行くために東京に行くといったほうが正解かもしれない．両脇にショルダーバックを抱え，手当たり次第に電源アダプターや工具，充電式の電池，コンデンサ，抵抗，ICなどを購入する．夕方，電気街を歩くと様々な彩りの炎が怪しげに誘っている．商品名を見ると「バイブラ・ランプ」と書いてあり，確かに揺れるランプである．

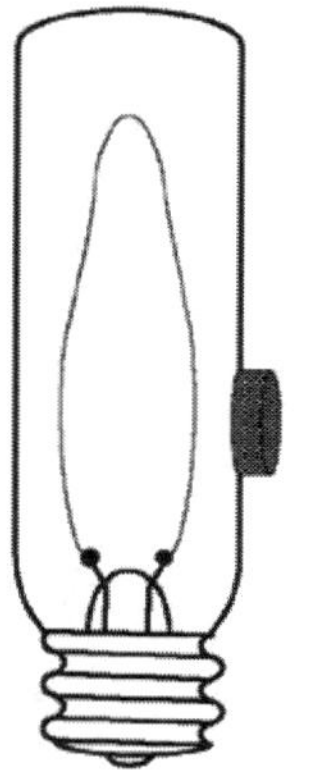

バイブラ・ランプは祭壇用ランプなどとも呼ばれ，交流を流して炎状に輝くフィラメントの側に磁石を置いて，フレミングの力によって，小刻みに震え，まるで炎が揺らいでいるかのように見えるランプである．

このランプをフレミングの力の教材に仕立てようと，まずランプについて調べた．

バイブラ・ランプを上から見た図を右に示す．炎の動きを良く観察すると上下左右に揺れ単純な動きではない．このことに気付き，磁石を剥がしてみると，S極，N極が表裏ではなく，上下になっていた．

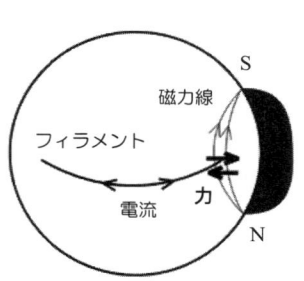

このため，炎型のフィラメントを絞ったり，広げたりする力が交互に加わり形が変わるが，そのとき発生するひねりが加わり上下方向の複雑な振動も生み出すのである．

この複雑な動きは今回の教材の目的には合わない．そこでS極，N極が表裏になっている磁石に変える必要がある．

そこで，今付いている磁石を剥がすことにしたが，これが大変な作業で，

接着剤をガスの炎で熱して有機溶剤を燃やしてしまおうとしたが，熱しすぎるとランプがゆがんでしまう．力任せに剥がそうとすると割れてしまい，大変な怪我をする．軍手で手を保護しながら慎重に作業を進める．成功率は60%といったところで，1個千円ほどなので割ってしまうとちょっとがっかりする．磁石を付ける前のものをメーカーに注文したいものだ．

S極，N極が表裏になっている磁石に代えて両面テープで貼ったところ，図のように力が働き上下に滑らかに振動した．

ここまででフレミングの法則を説明する教具としては十分だが，直流も作り出し，より授業の効果を上げようとした．

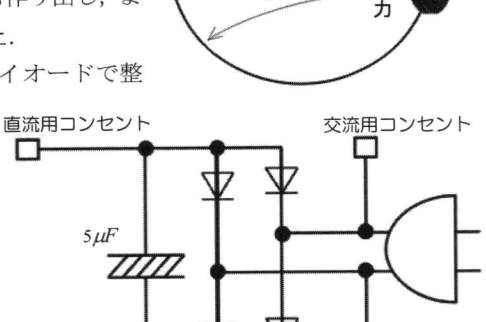

直流を作るにはブリッジダイオードで整流してから，耐電圧の大きなコンデンサ($5\mu F$, 300WV)で平滑すると良い．

しかし，実際に直流出力にランプを繋いでみると，フィラメントが異常に発熱してしまいランプの内壁に触れるとへばりついてガラス壁を赤熱してしまう．理由はランプの消費電力が10ワットと小さく，電流があまり流れないため，電圧が141Vまで上昇し，理論的には2倍の消費電力になるからである．そこで680Ωの抵抗を直列に入れて消費電力を交流と同じにした．

さらに，生徒の興味・関心を引き出し，沸かせる授業にするためにテーブルタップを改造してこれらの部品を組み込んだ．(狭い内部の加工は危険を伴うので勧められない)テーブルタップの両

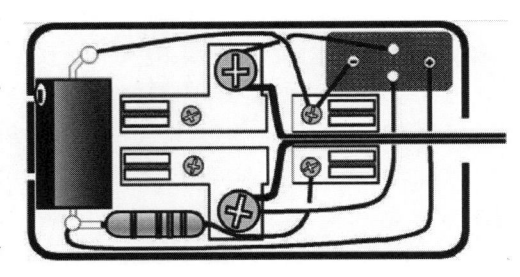

第9章　総合教育センター（5年間）

内側の突起部分をハンドドリルに小型ヤスリを付けて削り落とし，コンデンサ，ブリッジダイオード，抵抗を納めるスペースを作り出す．

　次にテーブルタップの受け金具を切断して交流部と直流部に分離する．慎重にテーブルタップの内部に部品を納め，木片の台にランプソケットとテーブルタップを載せて右図のように組み立てた．

　テーブルタップは木片の台の底に空けた穴からネジで留めてあり，教師が説明用にドライバーで開ける以外は開かないようにした．

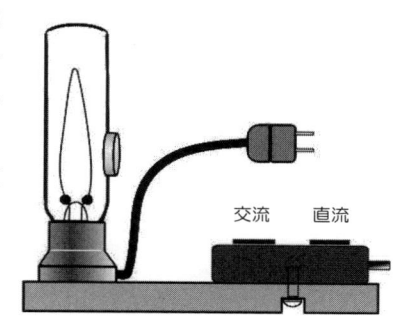

＜授業風景，後の盛岡第一高校にて＞

T「さてお立ち会い．ここに怪しい1個のランプがある」

T「先ずはつけてみよう」　（プラグを直流側に差す）

T「ほら，ロウソクのように光っているね」

T「では正面から見てみよう．どっちかに傾いていないか？」

S「オーッ」「右だ」

T「どうして曲がってるんだろう」

T「そこに磁石が付いていて，フレミングの左手の法則だ」

T「ほうほう，ではもう一度」（プラグを抜いて，さりげなく手首を返してプラグを＋－逆になるように差し込む）

S「おーーーっ，今度は左だ」

S「あっ，先生，今プラグをひねって差し込んだよ」

T「君はプラグを差し込むときに気にしながら差し込むかな？」

S「それはそうだけど？　何か差し込み口が怪しいなー」

T「よーし，それでは自分で差し込んでみなよ」
　（疑う生徒を前に出して，直流の差し込み口を本体を支えるためといった風に手で覆い，交流の方に差し込むように導く）

T「さー注目」

（生徒は左右どちらかに倒れると予想しているが，……）
　　（予想に反して，炎が一気に暴れ出し教室を得意のパニック状態に陥れる．もちろん，大歓声で眠っている者はいない）
　S「お～，すげぇ」
　T「さーて，どうなっているのかな？」
　S「交流と直流があるんだ」　　（おっと，いきなり鋭い突っ込み）
　T「どこにそんなからくりがあるというんだね」
　S「見た感じは普通のテーブルタップだ？」「そうだね」
　T「この装置全部が黒で統一されているね．だからこのテーブルタップがブラックボックスだ！　ドライバーでネジを取ると……」
　S「わーっ」「なにこれ」「すげー」
　T「わはははは」……
　教師は手品師，種を教える手品師．

③使い捨てストロボカメラを使ったストロボット（ズームイン朝）

　磁力線を用いた2次元記録タイマー（151頁）でも述べたが，運動の解析にストロボ写真を用いることは多い．しかし，現像に時間がかかるなどの理由から，教科書等に掲載されている写真を解析するのが実情である．

　その後，写すほうの状況は目ざましく好転した．デジカメで撮ってスクリーンに大写しにしたり，ビデオカメラのコマ送り機能（1/30秒で1コマ）を利用することも可能である．

　それでも学校のストロボ発光装置では，なかなかうまく撮れない．それは，この装置が円運動の回転数や弦の振動数をストロボ発光と同期させることにより求めたりすることは得意だが，ストロボ写真の撮影は不得手で，撮影するには次のような課題がある．

1，発光周波数を正確に設定できない（アナログ設定のため）．
2，運動を始める前から発光するので，ストロボ写真のスタート時の像は白く飛んでしまう．
3，周期を短くすると，コンデンサへの充電が不十分で暗い写真になる．

　一方，レンズ付きフィルムがブームになり，ストロボ付きも安価で出回っ

第9章 総合教育センター（5年間）

た．少しして回収システムが確立したが，当初は写真店で処置に困っていた．電池はアルカリ電池でパワーは十分に残っているし，電気をためるコンデンサも大型でもったいない．何とか活用できないかと，ずーっと考えていて，ひらめいた．

　コンデンサを10本並べ，充電し，順に一定間隔でストロボ発光管に繋いで連続発光させたらいい．しかも，写しはじめのスタート時を合わせるようにしたら10個の像が撮れるはずである．

　構想は固まったが，開発途中は命がけだった．330Vにフル充電したコンデンサからの10連続感電の衝撃を何度も体験した．感電すると指が硬直してスイッチを切ったり，基盤を放り出したりできず，いつも10連続の衝撃を受けていた．

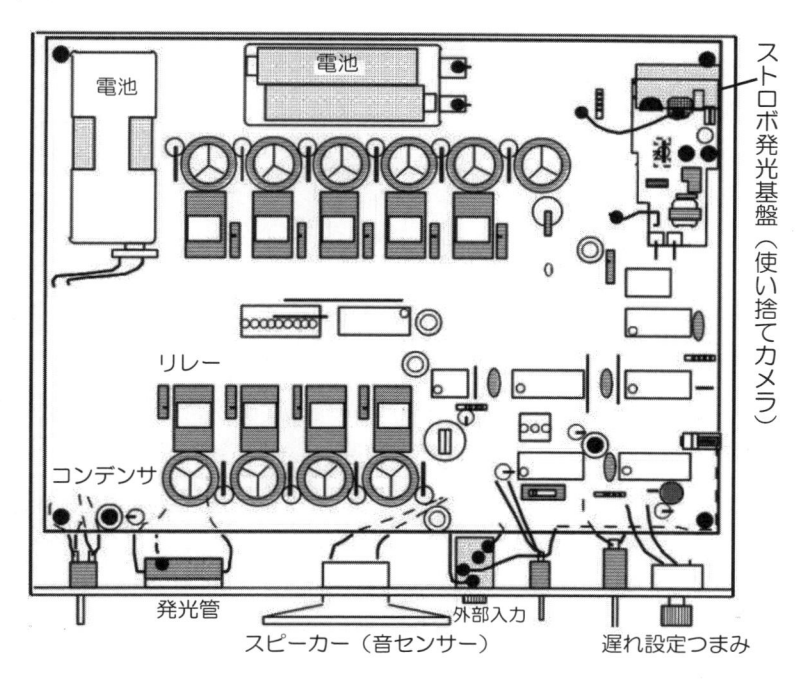

（図：ストロボ連続発光装置の基盤　ラベル：電池，電池，ストロボ発光基盤（使い捨てカメラ），リレー，コンデンサ，発光管，スピーカー（音センサー），外部入力，遅れ設定つまみ）

　さらに，次頁の写真左のような音センサや光センサ，タッチセンサの信号を受けて発光を始める機能を持たせたり，発光のスタートを微妙に遅らせる機能を付加した．

【特徴】

・10 個のコンデンサ個々に充電し，発光させるため，発光周期が短くても常に十分な光量で，鮮明な映像がえられる．

・信号を受けてから発光するまでの遅れを最大 0.2 秒まで可変設定できる．このため，1 回だけの発光に設定すると，落下したコップが割れる瞬間や，ミルククラウンなどの希望する瞬間を捉えることが可能．

【撮影例】

写真上はゴルフボールを机に投げつけ，衝撃音を音センサで感知して発光開始．

写真中はパイプの先に光センサを差し込み，鉄棒を吹き矢として飛ばして電球を割った様子である．ストロボは 20Hz で発光．

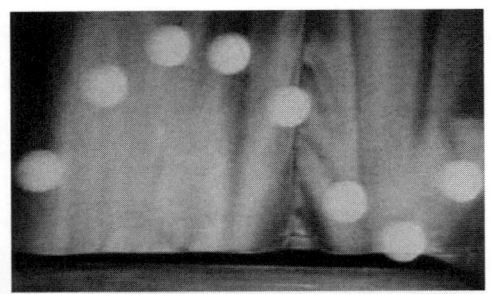

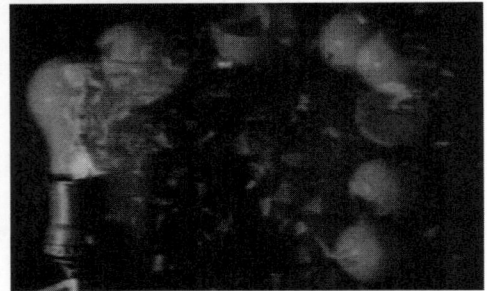

第9章　総合教育センター（5年間）

写真下は注射器でミルクを1滴，光センサの穴を通過するように落として，下方のミルクを満たしたシャーレに着地して，ミルククラウンができた後ミルクの跳ね上がりをビデオカメラで撮影した．

ビデオカメラは1枚の画の中にいくつもの絵を写し込めないので，運動の解析などには不向きで本来のストロボ写真とは呼ばない．しかし，ミルククラウンなどは，絵が重ならないほうがよく，30Hzで発光させて撮影し，コマ送りでテレビ画面一杯に映し出すと圧巻である．

＜発明工夫展特賞，ズームイン朝に出演＞

全日本教職員発明工夫展に出品したところ特賞の「特許庁長官賞」を受賞した．42頁でふれたバレリーナ骨折のため，ゆっくりしか歩けなかったが家族の援助もあって何とか上京し受賞した．

受賞会場では発明協会総裁の常陸宮殿下と妃殿下に説明する場面があった．私の前の方々は挨拶程度であったため，次々と進んでこられた．私は，折角なので楽しんでいただこうと330Vで感電したときの様子を身振り手振りを交えてリアルに説明したところ，大変興味を持っていただけた．さすがに感電の体験まではなさろうとはされなかったが，最後に「お体に気をつけてこれからもご活躍ください」と労っていただいた．VTRによると説明の時間は1分半ほどの時間であった．

このコンテストは毎日新聞社の主催であったため新聞報道され，地元新聞にも人の欄で取り上げられた．

しばらくして地元テレビ局が「ズームイン朝」で取り上げるということになった．全国ネットで衛星放送を駆使して生放送するということである．放送予定時間は4分間で十分な長さであった．

しかし，台本が届いてがっかりした．ほとんどが女性アナウンサーの台詞で「〜なんですよね，先生」「はいそうなんです」の繰り返しであった．

これでは，視聴者も退屈だと思った．しかも内容が高校物理のストロボ写真である．そこで私が主客逆転してシナリオを書いた．すなわち私がしゃべり，アナウンサーがうなずいたり，驚いたりするのである．ターゲットである家庭の主婦にも理解でき，楽しんでもらえることを目標に3時間ほどかけて台本を書き上げた．

朝5時に教育センターに集合して，リハーサルが始まった．ディレクターは半信半疑であったが，そこまでいうならやってみようとなった．ほとんど寝ていなかったが前日の甲子園球場で巨人に勝って，気持ちは最高潮だった．7回ほど通しの練習をし，機器の調整も済んだ．8時17分，突然のキューで本番が始まった．

　はじめはアナウンサーが，カメラの電池がまだ十分使えること，もったいない精神を前面に出して，センターと私の紹介．

　私「そして何よりもこれが出たんですね，もうこのカメラが出たときには嬉しくて，小躍りしたほどですよ」

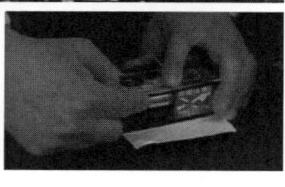

　アナ「先生は，小躍りしながら発明したそうです」小笑いが聞こえた．

　次にカメラを分解していく様を，分解の順に並べておき，私が「料理番組風で恐縮ですが…」「ここを切り開いて取り出し…」「ここはこのようにセットしまして」「完成したのがこれです」といった途端，福留さんの他にも，もの凄い笑いがイヤホンを通して聞こえた．はじめは後方に陣取っていた教育センターの所員かとも思ったが，静粛にとリハーサルのときにいわれているので違う．すぐに東京のスタジオの大勢のスタッフの反応だとわかった．つかみはOKである．次に，実験の様子を差し込み映像で流した．

　終盤にかかり，段ボール箱から使い捨てカメラを1個取り出し，いかにも教師くさい小芝居をして「日常のもので何か良い教材ができないか，いつも考えてるんですよ」で2度目の予定通りの中笑．

　最後は，カメラさんと

170

第9章　総合教育センター（5年間）

打ち合わせ通り，私がストロボットを左手で持ち，それをアップで抑えてもらい，スピーカーの音センサに触れ，10個の連続発光をさせた．左手と体を小刻みにふるわせながら，「感電には十分注意して，しびれる授業，したいものですね〜」どっか〜んと大爆笑．福留さんの「いや〜面白い先生ですね．今度先生の特集を組みたいものです」で終了．

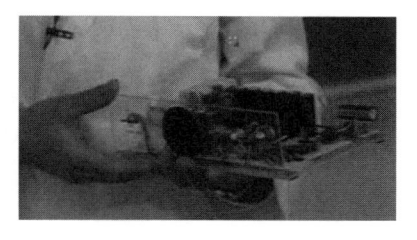

ディレクターは「OK, ご苦労さん．うちの局始まって以来の反応でした」．後ろのギャラリーも含めて一同，笑いと拍手．

直後に私はちょっとした遊びを実行した．それはリハーサルを繰り返していくうちにアナウンサーが慣れてしまい，心から笑えなくなったので，私「実は本番で，『そして何よりもこれが出たんですね，もうこのカメラが出たときには嬉しくて，小躍りしたほどですよ』の所を『もうこのカメラが出たときには嬉しくて，小太りしたほどですよ』に変えようかと思っていました」といった途端，笑いのつぼにはまりアナウンサーがうずくまってしまった．青ざめたのはスタッフで，この後すぐに全国の天気がセンターの中庭で予定されていたのである．エレベーターに抱えられて乗り込み，やっとの事で間に合った．さすがはプロである．

その後，所長さんのありがたい計らいで，センターの食堂施設で朝食を皆でいただき，互いに労をねぎらい，笑い合った．

局のお達しで使い捨てカメラは禁句でレンズ付きフィルムといい換えになり，使い慣れない用語に噛んだりもしたが反応は良かった．もちろん，授業の爆笑ネタよりはかなり抑えめにしたが．

家に帰って家内にどうだったと聞いたところ，即座に「ふざけないの」のきつ〜い一言だけで無言．ものまね番組で有名なオペラ歌手審査員がものまね四天王の1人にいつも発する「ふざけないの」の論評を思い出した．いつものことながら落ち込む．

それではと気分直しに北海道の実家に電話したところ，母が出たが不機嫌というか疲れ果てた様子で，「おまえのお陰で，えらい恥をかいた」とのこと．近所と親戚に知らせ，みんなで見ていたが，とうとう映らなかったとの

こと．特に近所の方は農作業を止めて待っていたとのこと．局に問い合わせたところ，北海道では行方不明のセスナ機が発見され，ちょうどその時間帯はニュースに差し替えられたとのことであった．不運．

幸いにも親戚の中に，本州に子供が住んでいて，見たよとの知らせが数件入り，何とか面目は保てたが，人騒がせな人物と思われていることだろう．

④マウスカー（最も簡単なパソコン入力装置）

センターに勤務してから教材開発に拍車がかかり，運動の様子をパソコンで処理する作品に挑戦した．1992年当時，既に超音波を使って実に見事に運動の解析ができるシステムを物理教材研究委員会のメンバーが開発し，普及していた．しかし，私には目に見えない超音波というのがしっくり来なかった．

センターで4年目の正月に見た初夢が，伊能忠敬公が日本地図を作っている夢だった．量程車という箱を引いて進んだ距離を車輪の回転数で計っていたのである．（実際にはこの車は砂地などでは使えず城下の平坦な場所しか使えなかったそうで，そのほかの場所は歩数で計っていたという．）

そこで思いついたのがパソコンのマウスであった．動く距離に応じてパソコンのモニター上の矢印が移動する．マウスを掃除するときに底蓋を空けたところ，回転数を数えているものが見えた．これだと確信し，早速，構想のまとめに入った．

マウスの蓋をはずすと内部構造は図に示すように電子部品もあるが意外と単純な構造である．

下方にはボールに軽く接触して回転するローラーが2個付いている．移動距離のデータを読み取る原理は，マウスを移動させるとボールが転がり，接触しているXとYのローラーが回転する．それらには図のようにロータリ

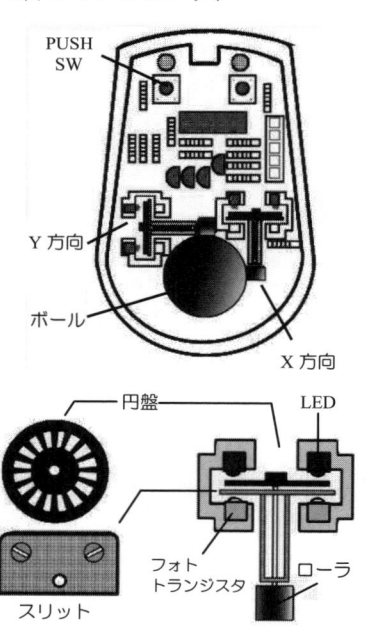

第9章 総合教育センター（5年間）

エンコーダという 35 個のスリット付き円板が付いている．この円板と光センサは図のような位置関係にあり，回転すると 2 ヶ所の発光ダイオード LED から出る光をスリットとの組み合わせによって通したり，遮ったりする．通過した光はフォトトランジスタに届く．このスリットをすり抜けて届いた光の数を数えて画面上の矢印を動かしている．光センサが 2 ヶ所あるのは回転方向を決めるためである．

マウスは X と Y，2 つのエンコーダを内蔵している．これを取り出し，2 台の小型力学台車に移植した．このマウス機能を持った力学台車を「MOUSE CAR」（マウスカー，愛称チョロチュウ）と名付けた．

プリント基板で車体を作り，車輪は直径 25mm のゴム製．車軸は玩具のミニ 4 駆用 6 角シャフトを用い，32 枚の平歯車を取り付けた．軸受には，ミニ 4 駆用ベアリングを利用した．

車体の上面及び前後にマジックテープを付けた．上面はおもりを貼

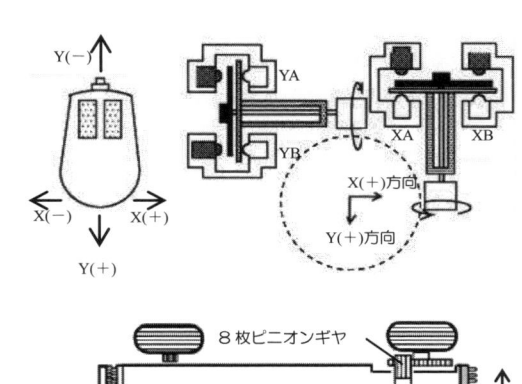

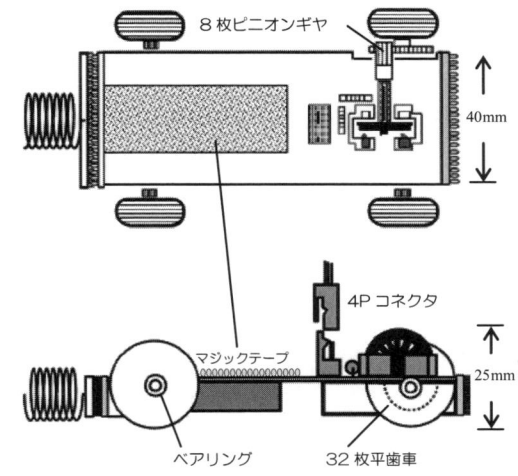

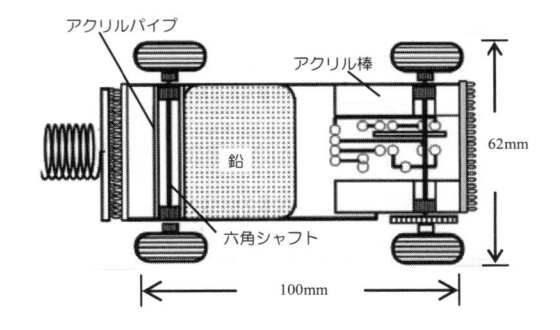

173

り付けて質量を変えるためのもので，前後は附属装置を付けるためのものである．図の左に装着しているのは，弾性衝突用にアクリル板にバネを取り付けたもので，他に完全非弾性衝突用のマジックテープを貼ったものも用意した．いずれも附属装置の質量は 3g にしてある．

マウスカーの下部には車体の質量調節用の鉛を取り付けて，マウスカー全体を 197g に設定してある．これは附属装置を付けて 200g の質量にするためである．

マウスの移動距離を読み込み，プログラムで処理して，グラフ用紙の表示，移動距離のデータを平滑化して速さ，加速度のグラフを描き，グラフの縦軸に目盛り，横軸に時刻を入れる．

実験の結果を次に示す．

（1）同質量の完全非弾生衝突

台車 B に向かって A を走らせマジックテープでドッキングさせ一体となって進んだときの，速度と時間の関係を描かせ，画面コピーしたものである．衝突後は台車 A の速度の半分になることがわかる．

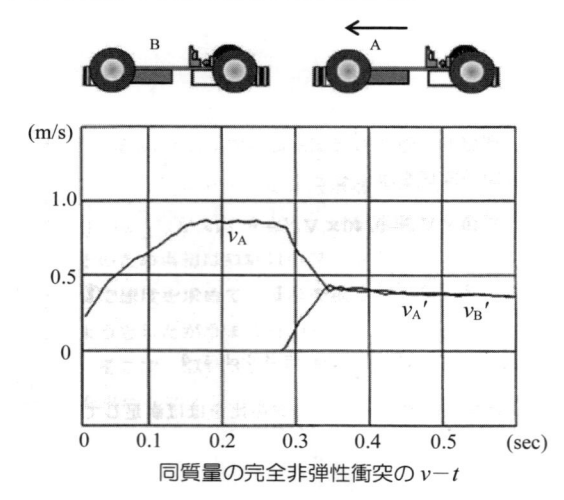

同質量の完全非弾性衝突の $v-t$

（2）同質量の弾性衝突

台車 B に向かって A を走らせバネではじかせたときの，速度と時間，加速度と時間の関係を描かせた．

衝突で A が止まり，B が A の速度を受け継いで走ることがわかる．
　加速度グラフ（太線）から，作用反作用の力が逆向きで大きさが等しいことがわかる．

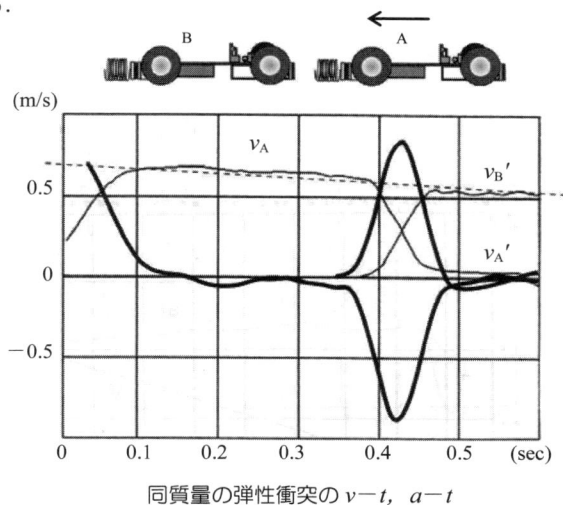

同質量の弾性衝突の $v-t$, $a-t$

（3）斜面による等加速度運動

　7 度の斜面上を初速度 0 で走らせたときの横軸の時間 t に対する縦軸の距離 S, 速度 v, 加速度 a の関係を示す．

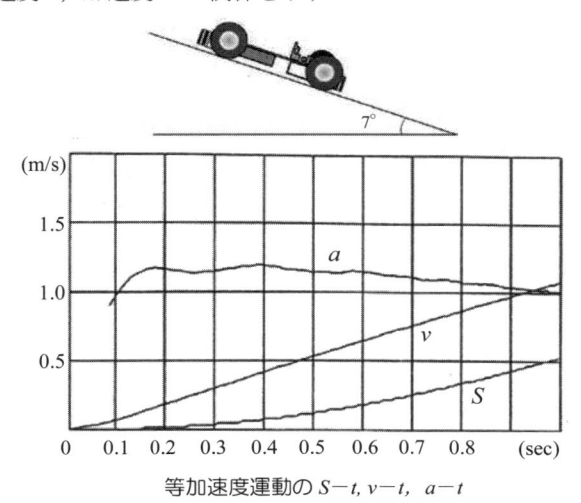

等加速度運動の $S-t$, $v-t$, $a-t$

加速度 a 一定，速度 v は時間 t に比例し，距離 S が時間の 2 乗に比例することがわかる．加速度の理論値 $g\sin 7° ≒ 1.2 \rm{(m/s^2)}$ と一致した．

私の発明・開発の流儀にはこだわりがある．他人に勧められるようなものではないが紹介する．

①研究の手法としては先行研究を調べることは常道であるが，あえてそれをしない．大発明と思っても 19 世紀に発明されたものもいくつかあったが，自分にとってはオリジナルな発明である．開発途中に似たようなものを見てしまうと，開発意欲がなくなってしまうからである．
②良いものでもまねはしない，常に別の方式を考える．数学で常に別解を探すのと同じである．
③暇があれば，百円ショップ，ホームセンター，おもちゃ売り場，時に秋葉原の電気街に通う．
④面白そうなものは，無目的に買い揃える．ある日，突然それらのものが組み合わさって全く別の目的に使えることがある．
⑤試作品は極力時間をかけ，丁寧に作る．途中で行き詰まっても愛着があり途中で投げ出せず，粘りが出る．完成作品は仕上塗装にも凝り，生徒に買ったみたいといわせたい．
⑥アイデアが浮かんでも形にするには工作技術が必要である．この点に関しては子供の頃からの模型作り，とりわけ戦艦大和作りは大いに役立った．

作品数も 28 作となり，センターでの研修講座で製作したり他県のセンター研修でも取り上げられるようになった．また数作品は教材メーカーにより製品化され，普及した．

センター勤務も 5 年になり，40 歳になった．これらをまとめて冊子と作り方VTRを作成しようと思い立ったとき，盛岡第一高校への転勤を命ぜられた．

所長さんの御高配で海外研修にも行かせていただき，視野を広げることができたなど，充実の日々であった．

第10章　盛岡第一高校時代（5年間）

　盛岡第一高校は明治13年開校の伝統のある高校で，宮沢賢治，石川啄木などが学んだ学校である．体育館には「質実剛健」と力強い墨書の額が掲げられている．

　その体育館で，しばらくぶりの教師生活が再開した．新任職員がステージ上に整列し，バンカラ応援団の旗と体育館に響き渡る校歌で迎えられ，新職員紹介式は始まった．校歌は「世に謳はれし浩然の大氣をここに鐘めたる秀麗高き巖手山〜」ゆっくりとしたテンポで旗の風切る音にマッチしているが，メロディーは軍艦マーチである．米内光政海軍大臣も同窓であったなと思っているうちに，一人一人の挨拶が始まった．私の順番はおしまいのほうで教頭先生の前だった．皆は「歴史と伝統のある本校に着任できて嬉しい，早く慣れて頑張りたい」とか「母校で教鞭を執れて光栄である」という先生もいた．しかし，点対称にある小規模校に育った私にとっては先の花巻北高校に赴任したときと同様，またまたえらい所に来てしまったな，しかたがない，開き直って精一杯やるしかないと腹を決めた．

　大きな学校で新任職員も多いことから，挨拶に大きな歓呼で応えていた生徒の反応も次第に小さくなっていった．ここで私も同様な話をしても印象に残らないととっさに内容を切り換えた．

　「花巻の総合教育センターから来た，物理の藤原です．5年ぶりの学校現場復帰です．この場に立ち，久しぶりに活気あふれる生徒諸君を見て，燃えてきた．燃えて燃えて，今まさに，スーパーサイヤ人に変身しようとしている．よろしく」．体育館割れんばかりの歓声，「お〜っ」．

　当時はアニメのドラゴンボールが全盛で，生徒は全員わかっていたと思う

が，壇上とフロアの先生方には何のことかわからず焦った様子だった．またやってしまった．もう40歳だぞ．

移動が難しい戦艦大和の安住の場所として花巻に安い家を作って間もないことと，通勤可能ということで，花巻から盛岡までの40kmを車通勤することにした．朝のラッシュ，5年間のブランク，春風邪も重なり，スタートはいつもながらうまくいかなかった．

初めての授業に向い，教室のドアをノックし，背筋を伸ばし「失礼します」と大きな声で挨拶して入った．生徒は唖然．ふと見ると足には内履きの革靴，三揃えのスーツとおおよそ回りの先生方とはかなりずれていた．5年間の教育センターの生活で染みついてしまった習慣と自嘲した．

物理の授業も花巻北高校時代のように学年単位で責任を持って教えるのではなく，1，2，3年生を3人の教師が縦割りにしてどの学年も細切れに受け持つ方式で，進度の調整，指導内容と実験の同一化，緻密な評価など，破天荒な私には合わなかった．自作教材を発揮する場も当初は限られた．

体調も優れず，憂鬱な日々を送っていたが，転機が訪れた．大運動会である．

（1）白堊(はくあ)大運動会

開校記念日の5月13日には盛大な白堊大運動会が開かれる．呼び物は土人踊りで，毎年少しだけ変化を持たせているが，大まかなストーリーは2つの部族がいがみ合い戦って全滅し，やがて神様が登場して蘇り平和に暮らすというものである．出演は3年生の有志と新入生で，3年生は部族の幹部役．一方，新入生はモヒカン刈りなどの洗礼を受け，当日は全身に黒っぽい泥絵の具を塗り腰蓑を付け槍を持って意味のわからない歌に合わせて部族の踊りを舞い，戦い，全滅するのである．

この出し物を取り仕切るのが応援団幹部で部族の中心人物でもある．その幹部が私に出演依頼に来た．職員の役所は一般に傘持ちで多くはバリカンを入れられるなど頭をいじられ，時には女装し，歯の極端に長い下駄を履いた族長に大きな傘を差して歩き，観客に囃し立てられる，どちらかといえば恥ずかしい役回りである．

選定は今年着任した職員の中から選ばれ，若い職員から順に声をかけられ

るらしい．しかし野球部の顧問で，当日試合などの理由から次々に断られ，私が受けなければ教頭先生にとのことであった．はじめから断るつもりはなかったが，40歳の出演は歴代最高齢であったろう．幹部も気を使ったのか，「先生は阪神ファンですので，部族を争いに巻き込む関西の死の商人でどうでしょう．タイガースカラーの黄色で全身を覆い，髪の毛はスーパーサイヤ人の金髪逆立ちで行きましょう」「承知」．さらに，若手の同窓の新任の先生も選ばれ，異例の悪徳商人組の結成となった．この先生とはうまがあい，後に予餞会で共演することになった．

当時，この出し物は中止の可能性があった．前年の生徒会総会で人種差別ではないかとの声が上がり，マスコミも取り上げ，在日外国人のコメントが紹介されるなどヒートアップしていた．生徒会総会では土人踊りを猛者踊りに改名して実施することになったが，目先を変えただけとの批判もまだあった．

出演が決まり応援団幹部と打ち合わせる中で以下の提案をした．人種差別とは他国の民に対してのことだから，設定を日本にし，日本の古代に起こったことにしよう．そして名前を「猛者踊り～縄文編～」と変えて肌の色も黒ではなくさまざまな色に塗ることにしよう．

練習に入って，おかしく思ったのは，応援団幹部の諸君は応援歌練習や応援のときには大きな声を出し威厳があり勇ましいが，演劇まがいのこの手のことは大の苦手らしく，声も小さく演技も小さかった．そこで発声と演技指導もしてしまった．当日は晴天で耳の穴まで黄色に塗り金髪を振り乱して久々に楽しめたが，映像に残るメタボ体型は金満商人には見えるが実に見苦しかった．

（2）理数科命

何とか1年間を乗り越え，2年目には2年8組理数科の担任になった．個性的なクラスでベクトルはさまざまな方向を向き，まるでシクラメンの花のようであった．何とかクラスをまとめようと考えたとき，大運動会が巡ってきた．1年生の猛者踊りに対し，2，3年生はクラス対抗仮装行列である．前年は冷害で米不足になりタイ米が大量に出回った．そこでタイトルを「平成の米騒動」とし，割った竹で作った直径2mの球体をシーツで包んで顔にし，

身長10mほどの米俵に乗った大黒様を作り行進した．周りは女子軍団の農民，男子は全身青塗りで青テープをたなびかせながら疾走する「やませ」，4mの白い細長張りぼてに入って転ぶと起きあがれない「タイ米」，「ネズミ」，米屋を打ち壊す「主婦集団」などで，連休を投げ打って全員で取り組み，優勝し，クラスがまとまった．古典的な手法であったが仮装は私の特技でもある．

彼らが卒業して，次の担任も再び2年8組理数科だった．
このメンバーは本当にユニークだった．県内各地から集まり，小規模校のお山の大将も多かった．男女ともみんな仲良く，とにかく活動的だった．物理の授業は理数科特権で授業時間が週1時間多いことを活用して討論をさせると実に面白い．何人ものリーダーが出現し，自分達で仕切って討論を進めていく．どんどん面白い考えが涌き出し，止まることを知らなかった．実験でも先に紹介したマウスカーを使って，斜面での二重衝突など面白い実験を展開した．これぞ理系軍団である．

（3）教科書執筆

教育センター時代に，教科書出版社の東京書籍から物理の教科書についてのモニターがあった．私は「数式が非常に多く，好奇心や学ぶ楽しさを生徒に与えられない」と率直に解答した．どこの教科書も同様で私は気に入らなかった．

すっかり記憶が薄らいでいたが，出版社から執筆依頼が舞い込んだ．理由は厳しい意見を寄せた人は多いが，各所に独自の代案をよせた人は珍しく，書かせてみようということになったらしい．

迷った．数年間はかかる．まず担任と両立させねばならない．悩んだ末，校長先生に相談したところ「滅多にないことなので，やりなさい．もちろん，担任，校務もしっかりこなすこと」と明快にお答えになった．またご自身の経験も話され，励ましてくださった．校長先生は若い頃に理数科の村上雅人

第10章　盛岡第一高校時代（5年間）

先生（後述）の担任をなされた方で，後に長期にわたり県の教育委員長として私もご指導ご支援を賜ることになった．

　再び4～5時間睡眠の生活が始まった．ベースになったのは長年作りためた授業プリントで，とにかく数式は最小限に抑えて，必要な式は基本式から導き出す．イラストを多くし，日常の物理現象から興味・関心を引き出す構成にした．私の作った「ストーン君」など各章紹介のキャラクターを登場させ，親しみやすいように工夫した．

　編集会議の日には授業を午前中に集中させ，午後は年次休暇を取り新幹線で上京．そして翌朝始発の新幹線で帰って4時間目からの授業をこなした．

　原稿の締め切りは守った．編集部はゆとりを持たせて設定していることは承知していたが，約束は守るのがモットーである．年末に風邪で倒れたとき，病院で両肘が使えるようにと看護師に頼んで足に点滴を打ってもらいながら，最終校正を完成させ，晦日に間に合うように送ったこともあった．幸いにも私の執筆が先行し，イラストなどもおえかきソフトで時間をかけて描いたため，参考までにとその原稿が他の3人の執筆者に送られ，結果として採用され，全編通して私のイメージに極めて近い教科書になった．

　編集部，他の執筆者の理解もえられ，やっと高校生のときから考えていた教科書が完成した．発行部数も選択者が少ない物理としてはよく出たと伺ったが，残念なことは完成時には職場が変わりそれを使って授業をする機会がなかったことである．

（4）全国理科教育大会事務局長

　教科書執筆を始めて1年余り経過し，卒業生を出し，再び2年8組の担任になった直後に，全国理科教育大会事務局長の話が持ち上がった．前年度，開催が岩手県に来るかもしれないとの話題はあった．しかし，他県にお願いするとの情報をえて，担任を引き受けたばかりである．大会は翌年の8月で，準備期間に3年かかるといわれる大会を1年余りで行なわなくてはならず，8月は3年生の担任として三者面談，課外授業の真っ最中である．大いに迷ったが，お話を持ってこられた方は新たに県の理科部会長になられた校長先

生で，総合教育センター時代に御支援いただいたご恩があった．

　盛岡第一高校は忙しい学校ではあるが，大きな学校なので理科の職員は県内で1番多く，時間のないところで勝負に出るにはここで引き受けるしかないし，早く決断しなくてはならない．化学の先生に事務局次長をお願いし，理科の方々にも了解をえて一気に走り始めた．理科部会長の手腕で即座に盛岡地区の先生方による事務局体制ができた．また，翌年の4月には盛岡第一高校に物理の校長先生が着任され，多大の応援をいただき，飛躍的に活動が活発になった．

　大会を運営するには財源を確保しなくてはならない．次長とペアで盛岡市内を回り，飛び込みで広告集めを行った．ビール会社では「私は，阪神と物理とスーパードライをこよなく愛しています」と刷り込んだ名詞を出してお願いした．広告代金の代わりに情報交換会の場に冷えた缶ビールを1000本提供いただいた．甲子園でも家庭でも熱くスーパードライを大量に飲み続けた甲斐があった．教科書の編集会議を土曜日に変えていただいて，日曜日には東京でも多くの企業を回り広告をいただくことができた．今までの教師とは別の世界を学ぶことができ勉強になった．

　また，県内10ヶ所で行われる理科部会総会に出かけて，大会の趣旨を説明し，大会参加と研究発表，そして広告をお願いして回った．多くの理科関係者の絶大なるご支援を受け，広告額は目標に達し，大会参加者も千人を超えスタートした．

　分科会会場は岩手大学工学部にお願いし，工学部の先生方には会場のお世話に始まり多方面から支えていただいた．その後も理科部会と親密なおつきあいをさせていただいている．

　メインの講演は村上雅人先生の「超伝導の世界」で人を乗せた浮上実演をはじめさまざまな実験と最先端の講義で魅了していただいた．

　工夫を凝らしたのは情報交換会で，盛岡の夏祭り「さんさ踊り」でオープニングを飾り，三陸の幸コーナーでは生ウニ，ほたての炭火焼き，イベントはわんこそば大会である．

　わんこそばは岩手三大麺の1つで1口大のつゆ付きのそばを次々に椀に放り込まれ，時間内に何杯食べられるかを競う競技で，15杯でかけそば1杯に相当する．全国10ブロックを2つに分け，優勝者には三陸ホタテをクー

第10章　盛岡第一高校時代（5年間）

ル便でお届け．ネクタイではちまきをして頑張った方もおられたが，すぐにペースダウン．その理由は前日にそば屋で練習されたとのこと．これでは難しい．優勝は沖縄と岩手であった．私も自信があったが，司会の行司役に徹した．「残った，残った，さ～さ～残さず！」．

　エンディングは私の司会で，「皆さんの宿は主に盛岡市内の菜園の地を紹介させていただいております．なぜだと思いますか？　それは盛岡弁で『科学は英語で，さいえんす～．どんとはれ』」．

（5）『あっひらめいた』出版と VTR を製作

　大会の最終日には，研究発表があり，私も3作品発表した．また，この大会に間に合うようにと，多忙極める中，無謀にもこれまで作り続けた28作品をA4判200頁にまとめ自費出版した．タイトルは「小学校から高校までの理科物理教材の作り方」であったが，パネルディスカッションをお願いした方から，先生方の本はタイトルが堅い．もっと柔らかいタイトルが良いとのアドバイスをいただき，大幅にくだけて「あっひらめいた」にした．表紙の色は北海道の花ライラック色にし，キャラクターにはストーン君，文字は趣味の寄席文字とした．第2キャラにヒラメのイラストも入れようかとも思ったが，あまりにくだけすぎると自重した．（本書にはこの中から数作品をダイジェストで紹介）また，全ての作り方と実験の様子を収録した VTR テープを前後編2巻製作した．（後に DVD1 枚に収録）

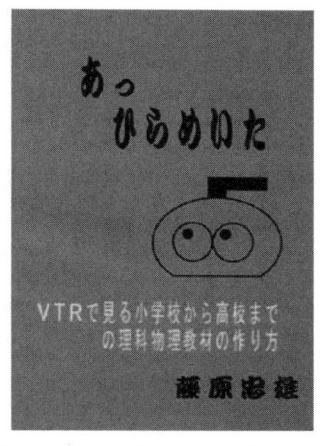

　これらを講演を終えられた村上先生にプレゼントしたことが縁で，12年後に本書を執筆するという機会に恵まれることとなった．

183

この大会に合わせるかのように教科書も完成した．大会前の1週間はほとんど寝ていないが，気力は充実しており，全く疲れを感じず，頭の巡りも私にとっては生涯で1番良かった．何を聞かれても，すぐに答えられたし，指示が出せた．大会終了直後も，何故かまだまだ気力には余力があった．

45歳，体は産卵を終えた鮭のようだった．大会が終わって，眠ると永遠に目が覚めないのではないかと思った．札幌大会で理化学協会賞をいただいてから早12年経った．理科教師としての集大成であった．

（6）スーパー理数科

完全燃焼，燃え尽きたとの思いを振り払い，長い間迷惑をかけた3年8組の生徒達に時間を投入した．

生徒達は親はなくとも子は育つがごとく，逞しかった．自主的自発的に何事も自分達でこなせる集団に育っていた．行事への取り組みも組織的で，東京の編集会議から帰ると各種行事の段取りは出来上がっており，シナリオ，配役，役割等全て完璧であった．

＜2年生冬の予餞会＞

出し物は「ドリフ大爆笑」で放送された教室コントで，本物の音声に合わせて皆で演ずるものだった．私の役は予想通り高木ブーで，入念な練習をし，県公会堂の幕は上がった．

オープニングは客席から，皆で舞台に駆け上がり「お～す」「行ってみよ～ッ」．だが私だけはサプライズ出演のため待機．いよいよ出番，縦縞のタイガースTシャツに半ズボン姿で遅刻して肩掛け鞄を振り回しながら先生の目を盗んで勢いよく教室に突入．大爆笑．走り回り，匍匐(ほふく)前進していたときに，前列の学年長から「藤原さん，何歳だ？　よくやるね～」のかけ声で職員席大爆笑．校長先生とも目があい，眼鏡をはずしているのでよくわからなかったが，笑顔であった．体重90kgで半袖，半ズボンでの匍匐前進は厳しく，すり切れて血がしたたった．大盛況．

＜3年生春の大運動会＞

東京から帰ると大運動会の仮装行列の出し物は「桃太郎」に決まっており，

第10章 盛岡第一高校時代（5年間）

私の役は鬼の親玉で全身青塗り，カーリーヘアにタイガースのマーク入りの虎パンツ．黒色ゴミ袋を貼り合わせた 10m ほどの鬼ヶ島の頂上から発煙筒を焚いて，行進．

メインの場所で桃から飛び出した桃太郎と相撲を取るのだが，相手の副担任の教師は小柄だが私より重く，途中で私にしがみついてばたついたからたまらない，合わせて 200kg が右足首に集中し激痛．後半は戦いに敗れた鬼の行列のごとく足取りは重く引きずっていた．優勝し，胴上げ．若者のパワーはすごくヘビー級の我らも軽々と上げられた．

＜3年生予餞会＞

このパワフルなスーパー理数科の生徒達も卒業時期を迎え，送り出す予餞会となった．3 年生は大学受験を控えて時間を惜しんで勉強する 2 月初旬だが，欠席者は少ない．「笑いは頭に良い．1 日くらい遊ぶ余裕がない者は受からない」の一言も効いた．

在校生の出し物に続いて，トリをとるのは 3 学年担任団の出し物である．5 年前の大運動会で共演した国語の先生が台本，小道具等全て準備し，彼自らは町娘を志願した．一同，よしやろうとなった．

演目は「遠山の金さん」で悪代官と悪徳商人の密談，抜け荷の場面，金さん登場，お白州といつもの筋書き．私の役はもちろん，悪代官「虎田」，数学教師が「越後屋」，英語の学年長が「金さん」，国語教師は「町娘」．皆で家内から借りた化粧道具や試供品を塗りたくり何とかそれらしくなった．町娘は白塗りと口紅でなりきっていた．私は着物に裃，髪はオールバックに固め，発泡スチロールで作ったちょんまげをあごからのゴムひもで押さえた．

「越後屋おぬしも悪よの～」
「虎田様こそ」「なはははは」
……，「これ娘，近うよれ苦しゅうない」「その方，年はいくつじゃ」「あ～れ～」暗転．（おおよそ教育的ではないので省略）最後は金さんの「やいやいやい，

この桜吹雪を忘れたか〜」と諸肌出すと背中に桜色の花びらの輪に全員合格の文字が出て歓声.

＜卒業式＞

卒業式は格別な思いで迎えた．担任としてそしてこの度は教師として最後の呼名になった．一人一人の名前と思い出が重なり，短い時間の中に多くの映像が脳裏に蘇った．

式後，ホームルームに戻り最後の話をした．「俺は結婚式は好かん．北海道のように会費制で200人も集まってクラス会のようなら楽しいが，本家，大本家が主役で同級生が少ない岩手型はどうもなじめない」「その代わり，クラス会は大いにやろう．私は北海道でひらかれる高校のクラス会には，ほぼ毎回出かけている」．

「そして，俺の葬儀にはみんなでこい．そこでは『ズームイン朝』『ドリフ』『桃太郎』『遠山の金さん』など爆笑DVDを流すから俺を思い出して泣き笑いしてくれ．その後，クラス会をやって盛大に盛り上がってくれ」「会社でどんなに忙しくても葬儀には出やすいはずだ．こないやつがいたら枕元に案内に行くぞ．すぐに全員に回れると思うから」「げ〜」．「俺は教師という職業が大好きだ．教壇（凶弾）に倒れたら本望だと思って無茶してきたが，生きながらえた．人はなかなか死なないものだ」「君らの中からニュートンやジュールなど，単位に名前を残すような科学者が出たら嬉しい．不摂生な私の最期を看取ってくれる医者も．また，私のようにそんな人を育てる教師になる人が出てくれたらそれも嬉しい」と．

その後40人が1人ずつ教壇に上って思い出と決意を面白く語った．その様子をVTRに納めてプレゼントされた．その映像は宝物になっており，時々懐かしく見ている．

（7）物理教師最後の日――離任式

盛岡第一高校での5年間が瞬く間に過ぎ，2度目の卒業生を送り出す目処が付いた頃，岩手県教育委員会事務局への異動内示があった．

盛岡第一高校もまたいつも通り出だしにつまづき，きつい時期もあったが，思い出の詰まった去り難い学校になっていた．私が学校に慣れたこともある

第10章　盛岡第一高校時代（5年間）

が，私に合うように回りの環境が変わった部分もあったように思う．

　離任式の壇上に立つと，合格した者，再挑戦する者など多くの卒業生が，体育館の後方に集まってくれているのがわかった．横に目をやるとなにやら派手なデコレーションが目に飛び込んできた．開店記念に飾られる大きな花が置かれ，「祝開店　〇〇さん江」の所は「世界の発明王　忠雄さん」と書いてあった．感激で涙があふれた．

　壇上で離任挨拶の順番を待つ間は，着任式でのスーパーサイヤ人の挨拶，出だしにつまずいて体調を壊したとき「ガンバです」と声かけしてくれるなど，実習教諭の先生に多大な支援をいただいたこと，そして生徒達との楽しい思い出の数々が湧き上がって来た．

　45歳，人間五十年には少し早いが，好きでなった教師を廃業してしまった．やっと完成した教科書を使って授業することもないのか，などの思いが巡った．

　初任から23年，素晴らしい生徒諸君との出会いの連続で，よく鍛えてもらったし，育ててもらった．未練がないわけではないが，物理教師として力を出し尽くしてしまった感もあった．完全燃焼．区切りをつけた．

　式が終わり，降壇して体育館の出口に向かうと卒業生が待ちかまえていた．胴上げしながら重いなと口々にいった．受験で腕力が衰えていたのだろうか，それとも私に詰まった思い出の多さなのか．

　ありがとう．感動一杯の花道だった．

第11章 県教育委員会事務局等（10年間）

　県での仕事は教科とは無縁の「高校改革」だった．生徒急減期にあたり，学びの環境をどう整備するかという難しい仕事だった．幸運なことは教育センターでも一緒だった物理の先生と同じチームで仕事が出来たことで，以後ずっと岩手の教育について熱く語り合うことになった．

　初日から終電で帰り，深夜に夕食という生活が始まった．全く新しい第二の人生がスタートしたようで新鮮だった．

　各地区での説明会等で1日数カ所を回るときには昼食時間がとれず，JRの駅に車を止め，汁1/3の月見そばを先に注文しておいて，トイレを済ませて戻り，卵をかき混ぜ，汁の温度を下げて一気に流し込んだ．喉の滑りも良く，わずか3分で出発できた．

　そばにまつわるエピソードは多い．全国理科教育大会でもお世話になった県庁そばの東家さんで，懇親会の折，鍋を食べてお開きの段に幹事が予算が少しあるのでということで店と交渉してミニわんこそば大会を始めることになった．店では会食後なので1人500円の予算で良いとのことであった．

　しかし，勝負事になると負けられない性分，一般の方は空腹で50杯くらいといわれているが，なんと大台超えの102杯を平らげた．わん15杯でかけそば1杯分だから7杯分にもなる．優勝賞品は横綱の認定手形と店の名物で私の大好物の特製大盛りカツ丼．この店ではこれがまた絶品で，阪神の勝負がかかった試合のときにはカツの縁起を担いでよく食べていたが，さすがに半分しか食べられなかった．気の毒だったのは準優勝の人で，賞品はなんとかけそばだった．合掌．

　5年後の2003年，私の送別会のときにもこの話を聞いて，幹事はわんこそば大会を企画した．刺身を肴にビール，冷酒で一通り落ち着いたところで送別わんこそば大会が始まった．5人にしては多すぎるとそば茹で係の方が見

に来るほどの生死をかけた熾烈な大会となり，最も少ない人でも100杯に迫った．

主賓の私は，150杯を越えてからは体を上下にゆすって，気道を確保しながら201杯でダブル横綱となった．かけそば13杯に相当する．

2003年，新たな仕事を立ち上げるため，総合教育センターに異動になった．まさに暗中模索の日々を送っていたが光明が差した．星野監督率いる阪神が18年ぶりに優勝してくれた．感動した．買った車のナンバーを星野監督の「ほ」と背番号77にちなんで「ほ77-」を抽選で当てた．ギャンブラーが好むナンバーだが，それとは全く無縁で，わんこそば大会以外の賭け事は一切しない．ちなみに車のメーカーは当時業績不振といわれていた日産である．

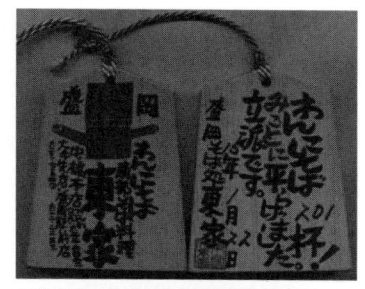

2005年，県教育委員会より再び高校改革の課長として戻るよう命ぜられた．転勤の挨拶状に普通は返事は来ないが，このときは知人から「渦中の栗拾い名人」「よく，そんなくじばかり引くね」などなど．私は好奇心旺盛で火中の栗はよく拾うが，おみくじは引かない性分である．ただ，くじをよく与えられるだけである．

高校改革の仕事は，小中高と小規模校出身で中学校と高校が統合になった私にとって複雑な思いはあるが，これからの子供のためにより良い環境で学ばせたいとの思いで，誠意を持って県内各地を回って多くの方の話しを「耳と目と心を$\dot{+}$して」聴かせていただいた．

物理教師は私にとっては趣味といっても良かった．どこまでやっても疲れを感じなかったが，この度は疲れを感じるから仕事である．しかし，誰かがやらねばならない仕事であるからと意気に感じていた．一日の仕事を終えて，スタッフと宇宙戦艦ヤマトをよく歌った．「〜誰かがこれをやらねばならぬ，

期待の人が俺たちならば〜」と涙ぐんで熱唱した．スタッフにも恵まれ，2本目の弔辞を読んでもらえる先生にも巡り会えた．

　このとき，食いしん坊の私にとって初めて食欲がなくなるという経験をした．箸がうまく使えず朝食はご飯の上に焼き魚の身をほぐして載せてもらってやっと食べたり，ビールのコップが重くて持てないときもあった．体重は一気に18kg減少し，各地の説明会での様子をTVで見た知人から死ぬなよとの激励を多くいただいた．1日に9ヵ所も回って最後には車を降りようとドアノブを引いて肩でドア押しても開けられずに，勢い込んで体当たりしたタイミングで外から開けられ転げ落ちたりと珍事に事欠かない．

　ストレス性蕁麻疹(じんましん)にも悩まされ，週末にはよく点滴を受けた．いつもこのような危機的状況のときには良いことが起こると信じていた．この年も岡田監督で阪神が優勝してくれ，地球に優しいアルコールエンジンも調子を取り戻し，体重もほぼ戻ってしまった．

　3年間で併設型中高一貫校を立ち上げ，多部制高校設置，高校入試改善等多方面にも関わることができ，十年ぶりに現場復帰かと思われていたが，三度目の総合教育センター勤務（所長）を命ぜられた．

第12章　三度目の総合教育センター

　着任早々所員を前に「私の行く先はこれまで火が燃えさかっていた．センターは今炎上していなくてもこれから火の手が上がる．教員免許状更新講習など多忙を極めるが，岩手のセンターの存在感を示す絶好の機会である」「限られた人数でより多くの質の高い仕事を成し遂げるためには，一人一人が意識を高めることが大切である．指示待ちの傭兵の意識は捨てよう」「研修者を待つのではなく，現場に出向く研修もこれからは必要である．籠城ではなく打って出るセンターにしよう．我ら騎馬軍団になろう」「騎馬が必要だ．騎馬は職名に指導の2文字を加えることである．すなわちこれからは研修指導主事と変えたい」と休憩を挟んで約3時間，所長講話で熱く説いた．

（1）組織マネージメント考

　三度目ということもあり，業務説明は不要と省略し，所員，新所員，長期研修生から「現場からセンターはどう見えていたか」「現状と課題」「改善提案」などのレポートを求めた．それに基づいて全所員と面接し「真に学校現場に役立つセンターづくり」の具体化に取り組んだ．

　といっても，あーしろ，こうしろということはなく所員が長年暖めていたプラン，アイデア，思いを大切にし，前例がないからできないという障害を徹底的に排除して，かなりのことができそうだという意識に変え，思う存分，本来の力を発揮できるようにしただけである．出る釘は抜かれる（抜擢）をモットーに，所員の積極的提案を歓迎した．

＜所員の提案例＞

① 「『情報モラル』のコンピュータソフトを開発したので，児童生徒の安全のため出前講座をしたいが，前例がなく，予算もない」．

⇒はじめの旅費を工面し，マスコミに紹介すると，評判が評判を呼び，相手方の旅費持ちで1年半ほどで170カ所，児童生徒，教師，PTA，教育関係者，県内外の議会議員など実際にキーボードに触れて体験した人が1万人を超え，東京を始め県外にも呼ばれる事業に育った．担当チームは多忙を極めたが皆笑顔である．

内容はパソコンルームなど限られた範囲でだけ使える携帯電話やパソコンを使用し，プロフや危険なサイト，不正請求などの体験をさせるもので，安全な環境で危険な疑似体験をさせるという発想である．かつてバイク事故が高校生の間で蔓延したとき，免許を取らせない，バイクに乗せないなどの運動を展開したが，無免許運転が増えるなど効果的ではなかった．そのとき，真に必要な生徒に安全な運転技術講習を施したのと同じ発想である．

② 「免許外・複式学級担当の先生の支援が必要である．複式授業を行った経験を生かし，モデル授業を提供したい」．私自身が複式授業を受けた経験があり，教える先生も初めてのときは特に大変な苦労だと推察する．岩手県は四国4県に匹敵する面積を持ち，複式学級や中学校で免許外の教科を教えることになった先生は，センターまでの距離が遠いことと現場を離れられないことから研修に参加しにくい現状にある．

⇒授業開始早々の4月，5月のうちから，所員が学校に出向きモデル授業を所員自ら提供し，その後その授業を基に研究会を行うことにした．この形式は好評で，場所によっては宿泊し，翌日には隣の学校で授業をするという事業になった．旅費等もこちらで用意することから先々の予約も入っている．

新しい店ができて出前を始めますといっても，情報を届けることが必要であることから，私が必要と思われる教育委員会等に提案者と共に説明して歩いた．電話で予約の出前を受ける前に行商で内容を理解してもらうことが大切と考える．

③ 「幼稚園の先生は講座に来にくい」．

⇒出前講座と土曜日のセンター開放で対応．

④ 「子供に理科実験をさせたい．天体観測をさせたい」．

第12章　三度目の総合教育センター

　　⇒近隣を回って案内．1日中理科実験．天体観察，夜間出前観察を実施．
⑤「講座の時間が足りない．もっと研修したい」．
　　⇒講座終了を中締めとし，時間の許す人は存分に所員と研修を継続．物理実験の手法を活用した．
⑥「親睦会はフランクに，広く交流したい」．
　　⇒挨拶，乾杯まで5分以内とし，座席は抽選にして多くの人と交流できる仕組みにした．冷たいビールが美味しく，よく飲み，よく歌うようになった．
⑦「顧客重視」．⇒　所員駐車場を後方に正面は講師と受講者用に．

（2）物理教師にタイムスリップ

　教育センターの仕事で多いのは挨拶で，ノー原稿で話すものばかりではない．遠近両用レンズのお世話になっている私には苦行である．
　一方，心が躍るのは，公開授業に出かけられることで，雛壇の用が済むと帰るのが一般的だが，理科の授業，研究会と最後まで出席し，所員には止められるが，助言者でもないのに黒板を使って解説したりしてしまう．10年ぶりに物理教師に戻れた瞬間で，理科教育には未だに熱い思い入れがある．

（3）ニュートンの負の遺産

　中学校の理科で力の授業を数回参観する機会に恵まれた．力は目に見えず扱いが難しいのに加え，力の単位をg重ではなくN（ニュートン）で教えるようになった．中学生には難解である．
　力の単位にNを使うのは，加速度運動を扱う動力学では必須だが，力がつり合い静止している静力学においては，特に必要ではなく，理科嫌いを増加させる一因のようにも思える．中学校の教科書には詳しい説明がなく「おおよそ100gの物体に働くおもさを1N」と実に曖昧な表現である．
　どうしても力をNで表すのなら，高校で習う内容だが，むしろしっかり教えた方が混乱しないと考える．
　力を加えるとその方向に加速度を生ずる．質量1kgの物体に作用して$1m/s^2$加速度を生じさせる力を1Nと決める．地球の引力が物体を落下させるときの（重力）加速度は$9.8m/s^2$である．従って1kgの物体に働く重力は9.8Nであるから，逆に1Nという力は102gの物体に働く重力となる．

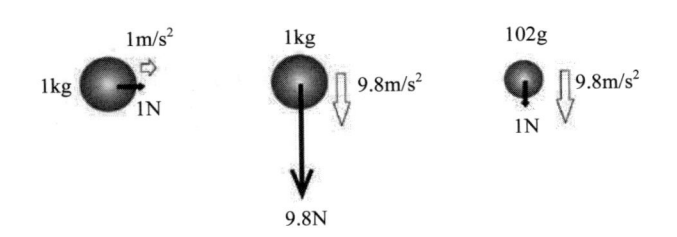

この説明を理解できる中学生は少ないと思うが，難しいなりにすっきりすると思う．また，ニュートン目盛りのバネばかりと普通のバネばかりで引き合い確かめさせても良い．

　直示天秤はデジタル表示で扱いが簡単なため，中学校から広く使われている．単位はgになっているが，載せた物体にかかる重力を測定しているからg重であるべきだ．力をNで統一するなら，スイッチの切り換えによって，g重－N換算表示できるものを教材メーカーに提案したい．

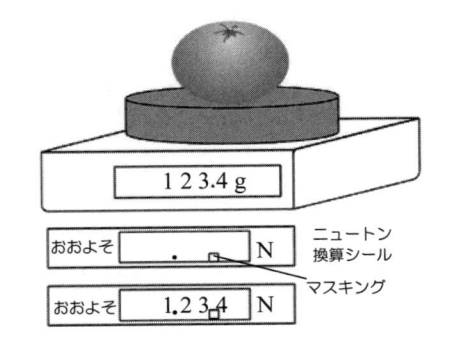

　簡易的にはデジタル表示部に右のようなシールを作って貼ると良いと思う．

　「おおよそ」とあるのは近似であることを示している．質量123.4gのみかんに働く重力はおおよそ1.234Nとなる．

　現在は力の単位としてg重が使えないから，本来Nで表さなくてはならないのに重さ(おもりに働く重力)を誤ってgで表してしまい，gで表す質量と区別がつかなくなってしまっている．公開授業でよく見かける光景で，生徒も教師も混乱している．このようなつまらないことで，理科につまづいたのでは意味がない．

　熱量の単位もcalからJになって，なじめなくなってしまった．わかりやすいg重やcalで考え，最後にN，Jに換算させた方が混乱がなく現実的であると考えるが，いかがだろうか．

第12章　三度目の総合教育センター

（4）作用反作用の法則（ニュートンの第三法則）とつり合い

公開授業で混乱する場面をよく見かける「作用反作用」と「つり合っている2力」の関係について考えよう．

私が高校生のときに愛用した著名な参考書も間違っていたほど，間違いの多い両者である．

共に逆向きで大きさが同じ力だが，両者の違いは明白で，2物体間で互いに及ぼしあう力が作用反作用で，1物体に働く2力がつり合いである．例えば

(A) 物体には下向きに重力が働いている．
(B) それをテーブルに置くと，天板から物体を押し返す力（抗力）が上向きに働き，2力はつり合い物体は静止する．（1物体に働く2力）
(C) 抗力は物体が天板を押したから生じた力であるから，両者の関係は作用反作用の関係という．（2物体間で互いに及ぼしあう力）
(D) それでは，物体に働く重力と作用反作用の関係にある力は何だろうか，それは物体が地球を引く万有引力である．（2物体間で互いに及ぼしあう力）

力は単独では存在せず，作用反作用の関係にある相方が必ず存在するのである．

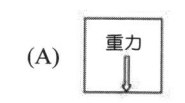

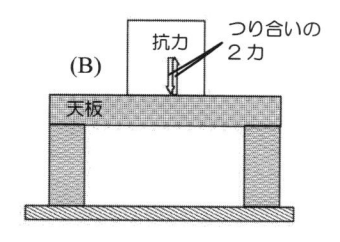

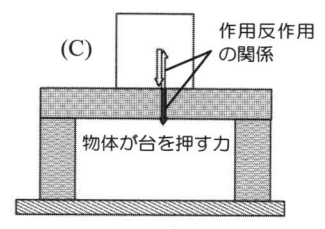

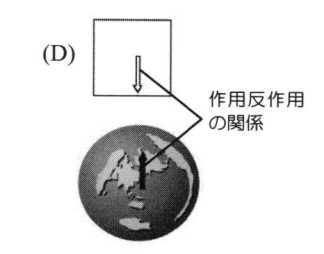

（5）PISAについて

OECD（経済協力開発機構）のPISA調査は，日本でいえば高校1年生を対

象としたテストで，中学校卒業段階における学力の国際調査である．この結果について少しだけ，考えを述べてみたい．

PISA調査は，「知識や技能を，実生活のさまざまな場面で直面する課題にどの程度活用できるかを評価」するもので，国際的な学力評価として日本でも近年注目されてきた．

そして，日本のPISA調査における成績が，急激に下降していると新聞等で大きく取り上げられている．科学についての調査を見ると，下の表のように日本の順位は2003年までの2位から2006年の6位と急に下降している．

2000年 32カ国			2003年 41カ国			2006年 56カ国		
1	韓国	552	1	フィンランド	548	1	フィンランド	563
2	日本	550	2	日本	548	2	香港	542
3	フィンランド	538	3	香港	539	3	カナダ	534
4	イギリス	532	4	韓国	538	4	台湾	532
5	カナダ	529	5	リヒテンシュタイン	525	5	エストニア	531
6	ニュージーランド	528	6	オーストラリア	525	6	日本	531
7	オーストラリア	528	7	マカオ	525	7	ニュージーランド	530
8	オーストリア	519	8	オランダ	524	8	オーストラリア	527
9	アイルランド	513	9	チェコ	523	9	オランダ	525
10	スウェーデン	512	10	ニュージーランド	521	10	リヒテンシュタイン	522

（高等学校1年生，全国の144学科，約4,700人の生徒が参加）
（世界では41か国，41万人が参加 （2006年調査））

オリンピック競技のタイムレースは，時間の長いマラソンも含め，寸分のタイムの差で金銀銅メダルが決まり，金と銀とでは評価に大きな差が生じる．

PISAの調査は順位が出て，大変わかりやすいが，オリンピック競技のタイムレースと同じに考えて良いのだろうか．表を冷静に見ると次のようなことがわかる．

第12章　三度目の総合教育センター

① 参加国が年を追うごとに増加している．（32→41→56）
② 国だけではなく，地域も参加している．
③ 日本はカナダを先頭にした得点 530 点台の 3 位集団にいる．

　近年，フィンランドが一気に抜け出し，注目を集めている．確かに素晴らしい教育システムと聞き及ぶが，フィンランドの 563 点と日本の 531 点との差 32 点に，統計的に優位さがあるといえるだろうか．差は 5 ％ 程度で，物理実験では誤差の範囲である．マラソンでいえば，少なくともカナダの 534 点との差はなく，日本は国別では第 2 位集団で，いい位置に付けて健闘しているといえるのではないか．もっと，子供達に自信を持たせたいものだ．
　ただし，活用に関する問題にかげりが見え，新学習指導要領では，理数の授業時間数の増加と共に内容においても対策が立てられようとしている．
　また，この調査で気になることは，記述式の問題で日本の生徒に無回答が目立つことである．原因は表現力不足ともいわれるが，私はそれ以外に，日本の授業のスタイルに課題があるように思える．
　いくつかの小学校理科の授業を見せていただいたが，教師の発問に対して，子供達が自由に発言することは難しいように感ずる．
　子供が，突拍子もない全く意外なアイデアを出すと，回りの子供達の冷やかしにあったり，先生が困り顔で次の子供を指名したりしがちである．次第にみんなとかけ離れた考えは発表しなくなるし，自信の持てないことは書かないようになると思う．
　96頁で紹介した，「なぜ汗は出るのでしょうか」「ハイ，垢を落としやすくするためです！」「正解！」と子供の純粋な考えをしっかりと受け止めることが大切だと思う．どっと盛り上がり，その後，多くの活発な意見が出るが，それを良しとしながら，最終的に収束させるには，教師としての度胸と力量が必要である．表現力は自由に発言できる環境で育つものだ．

（6）小中高の教科書について

　小学校，中学校，高等学校の理科の教科書を開いて比べてみると，実に面白い．同じ出版社の教科書でも次のようなことがわかる．
　小学校と中学校は大判の教科書で，カラーの図や写真がふんだんに入って

いて興味をそそる．高校は相変わらず小さなサイズで，文字や図も小さいがカラーの図や写真が使われ，一昔前に比べると随分柔らかく取り組みやすくなっている．

　しかし，学習の進め方については，3校種では大きな違いが見られ，これが大問題である．

　小学校では，主に日常の生活から興味深い事例を紹介し，キャラクターの言葉で実験・観察の条件統一などのヒントを与える．最後は「実験の計画を立てよう」と書いてあり，子供達が活発に意見を出し合う設定になっている．

　次頁には実験のやり方や整理の表が書いてあるが，かならずしも答えは書いていない．理想的な構成で本来理科の授業はこうあるべきと考える．ただし，先生にとっては実験・観察をしなければ前に進めず，実験・観察の材料を揃えるのにかなりの時間が必要と思われるものもあり，理科が苦手な先生にとっては大変苦しい構成になっていると思う．

　ある調査によると，小学校5年生から中学校3年生まで，理科が好きと答えた生徒は他教科に比べ圧倒的に多い．一方，先生の方は理科を大の苦手にしており，特に物理分野，次いで地学分野を苦手にしている．これは，小学校教員養成課程を持つ大学を受験する場合，理科の受験科目が1科目で良いため高校時代は文系クラスに所属し，理科は1科目だけ選択履修する．従って物理，地学を履修する生徒は極めてまれである．

　今後は大学の受験科目数に関わらず，理科が好きで将来小学校の先生を目指す高校生は是非，理科を2科目履修する理系クラスに所属することを強く望む．全国どこの小学校の職員室でも，理科が得意な先生がいて，実験・観察のコツをみんなにアドバイスする光景を当たり前のことにしたい．

　中学校の教科書でも，実験・観察が主だが，小学校と異なり，生徒の自由な発想は制限され，やり方や整理の表が始めから与えられる．次頁には実験結果の例が示され，全ての答えが書いてあるわけではないが，結論が述べられているものもある．

　それでもまだここまでは我慢しても，現在の高校の教科書はひどい．高等学校の物理の教科書を例にとると，式変形で法則等を導きだし，解説し，丁寧に演習まで用意してある．そして，その後に掲載される実験の扱いはコラムであったりと極めて軽く，法則を確かめるための確認実験という色彩が強

第12章　三度目の総合教育センター

い．

　従って折角実験をしたとしても，生徒の関心は実験で何かを発見することではなく，理論値にいかに近い結果を出すかに集中する．いくつかの誤差を生む要因が重なり，偶然理論値に合致して驚喜する姿などは実に嘆かわしい．レポートの考察欄は，実験誤差がなぜ生じたのかを言い訳調に述べることに終始する．これでは実験の面白さ，発見の喜びは湧いてこない．

　私は132頁(6)物理実験とレポートで述べたように，自由な発想で興味深い実験を存分にさせ，実験を通じて法則を発見させ，発見の喜びと共に自然界の素晴らしさについて知らせたいと思っている．

　このような考えで構成した教科書を執筆したつもりであったが，十数年経過した今，残念ながらどの教科書を見てもその痕跡すら残ってはいない．日本の理科教育はこれでいいのだろうか，問いたい．

終わりに

　今，振り返ってみると，私は子供の頃から，先生の質問に対して，はじめに思いついたアイデアで回りの人達と同じになったことは，あまりなかった．そのためか，教師になっても生徒達の斬新なアイデアにはわくわくする．

　大人になっても相手の意見と反対の立場から，つい考えを始めてしまう．白といわれていることなら黒ではないかと考え始める．相手の意見に対してすぐに同意するのはむしろ失礼で，反対の黒の事実を必死に探したが，どうしても見つからないときに初めて白だと強い同意を示し，白の意見の人と同志になれる．

　科学は肯定のための否定の連続である．全てをつぶして最後に真実が残るのである．

　逆の立場で，私の考えに即座に同意するイエスマンは信用しない．初期段階で奇想天外な，可能性が少しでもありそうな案を列挙しているときに賛同されても困惑するばかりである．

　「よらば大樹の陰」が好きな人は幸せな，安定した人生を送ることと思うが，少数派でも真に考えを同じくする同志と歩む人生もまた格別である．10人中9人に賛同がえられなくとも，同志と呼べる1人が，10人分の働きをしてくれたなら10対9で勝ることができる．

　また若手の意欲に満ちた提案に対して，時期尚早と片付け，失敗したときに，そら見たことかと冷ややかな目で非難する人とも同志になれない．もしも，その提案が成功したときには，時期尚早といっていた人にも，同程度のペナルティーが与えられなければ公平性を欠くことになる．

　科学史において，偶然の大発見がいかに多いことか．失敗の連続でも腐らずに挑戦し続けることは大切であるし，せめてそのような人を支える理解者にはなりたいものである．

自分の意見をしっかり持ち，相手に理解されるように気配りしながら主張すると，たとえ自分の主張とは異なった結論になっても気持ち良く取り組むことができるものである．

　新米教師の頃，先輩から，あなたは岩手県に恩師や親戚，先輩がいなく，自由に行動できて羨ましいといわれたことがあった．それだけ無鉄砲で無礼な言動が多かったことと，恥じ入るばかりです．
　本書に登場いただいた方々には，そんな私を支援していただき，危ない所を幾度となく救っていただいた．感謝の気持ちで一杯です．また，これまでのご恩を若い先生方や生徒達に少しでも還元できたならと思っております．

　私としては，子供の頃から劣等感に押しつぶされそうになりながら，降りかかる難題に対して，ただただ，もがき続けてきただけのように思えるが，結果的には正面突破の連続になってしまった．

　最後に2年間にわたり，このような新鮮な時間を与えてくださった，芝浦工業大学副学長，村上雅人先生に感謝の意を表したい．
　また，図に関しては長年愛用のお絵かきソフト「花子」を用いたが，部品の使用を許可していただいた株式会社ジャストシステムに感謝したい．

2010年 10月

著者：藤原　忠雄（ふじわら　ただお）

　　昭和 27 年、北海道・喜茂別町に生まれる．町立鈴川小学校・鈴川中学校，道立喜茂別高校，岩手大学教育学部理科卒業後，昭和 50 年岩手県立花泉高校，昭和 54 年岩手県立花巻北高校，昭和 63 年岩手県立総合教育センター，平成 5 年岩手県立盛岡第一高校，平成 10 年以降は岩手県教育委員会や総合教育センターに勤務．
　　現在，岩手県立総合教育センター所長．
　【賞】第 1 回日本理化学協会賞（2 次元記録タイマー，昭和 61 年），岩手県教育表彰・事績顕著者表彰（理科，昭和 63 年），全日本教職員発明工夫展特賞（ストロボット，平成元年），東レ科学賞奨励賞（ストロボット，平成 5 年），全日本教職員発明工夫展特賞（縦型強力モーター，平成 6 年）
　【著書】『あっ　ひらめいた――VTR で見る小学校から高校までの理科物理教材の作り方』（自費出版，平成 9 年），『新編　物理 IB』（共著，東京書籍，平成 10 年）．

自伝風　びじゅある物理
2010 年 11 月 10 日　第 1 刷発行

発行所：㈱海 鳴 社　　http://www.kaimeisha.com/
　　　　〒101-0065　東京都千代田区西神田 2－4－6
　　　　E メール：kaimei@d8.dion.ne.jp
　　　　電話：03-3262-1967　ファックス：03-3234-3643

編　　集：村上　雅人
組　　版：小林　忍
印刷・製本：シナノ印刷
発 行 人：辻　信　行

JPCA

本書は日本出版著作権協会 (JPCA) が委託管理する著作物です．本書の無断複写などは著作権法上での例外を除き禁じられています．複写（コピー）・複製，その他著作物の利用については事前に日本出版著作権協会（電話 03-3812-9424, e-mail:info@e-jpca.com）の許諾を得てください．

出版社コード：1097
ISBN 978-4-87525-273-3

© 2010 in Japan by Kaimeisha
落丁・乱丁本はお買い上げの書店でお取替えください

―――― 海鳴社 ――――

評伝　岡潔　星の章
　　　高瀬　正仁 著　　　　　　　　4000 円

評伝　岡潔　星の章
　　　高瀬　正仁 著　　　　　　　　4000 円

オイラーの無限解析
　　　L．オイラー著、高瀬正仁訳　　5000 円

オイラーの無限解析
　　　L．オイラー著、高瀬正仁訳　　10000 円

破　局　人類は生き残れるか
　　　粟屋　かよ子 著　　　　　　　1800 円

産学連携と科学の堕落
　　　S・クリムスキー 著　宮田由紀夫訳　2800 円

唯心論物理学の誕生
　　　中込　照明 著　　　　　　　　1800 円

森に学ぶ
　　　四手井　綱英 著　　　　　　　2000 円

植物のくらし　人のくらし
　　　沼田　眞 著　　　　　　　　　2000 円

野生動物と共存するために
　　　R.F. ダスマン 著　丸山直樹他訳　2330 円

有機畑の生態系
　　　三井　和子 著　　　　　　　　1400 円

ぼくらの環境戦争
　　　よしだ　まさはる 著　　　　　1400 円

物理学に基づく　環境の基礎理論
　　　勝木　渥 著　　　　　　　　　2400 円

―――― 本体価格 ――――

――――― 海 鳴 社 ―――――

川勝先生の物理授業　全3巻

A5判、平均260頁

川勝　博／愛知県立旭が丘高校で、物理の授業が大好きと答えた生徒が、なんと60％！　しかも単に楽しいだけでなく、実力も確実につけさせる。本書は授業を生徒が交代でまとめたもので、授業の雰囲気を生き生きと伝えたロングセラーである。

　　上巻：力学 編　2400円
　　中巻：エネルギー・熱・音・光 編　2800円
　　下巻：電磁気・原子物理 編　2800円

――――― 本体価格 ―――――